物流管理职业教育教学资源库的构建

沈文天 著

图书在版编目(CIP)数据

物流管理职业教育教学资源库的构建/沈文天著. —哈尔滨:哈尔滨工业大学出版社,2019.5(2024.6 重印)
 ISBN 978-7-5603-8286-9

Ⅰ.①物… Ⅱ.①沈… Ⅲ.①物流管理-教学研究-高等职业教育 Ⅳ.①F252.1

中国版本图书馆 CIP 数据核字(2019)第 098278 号

策划编辑 常 雨
责任编辑 佟 馨 陈 洁
封面设计 刘长友
出版发行 哈尔滨工业大学出版社
社 址 哈尔滨市南岗区复华四道街 10 号 邮编 150006
传 真 0451-86414749
网 址 http://hitpress.hit.edu.cn
印 刷 哈尔滨久利印刷有限公司
开 本 787mm×960mm 1/16 印张 14.75 字数 281 千字
版 次 2019 年 5 月第 1 版 2024 年 6 月第 2 次印刷
书 号 ISBN 978-7-5603-8286-9
定 价 99.00 元

(如因印装质量问题影响阅读,我社负责调换)

前　言

教学资源库对专业教学的规范和提升有重要的意义。高职物流管理专业的历史比较短,教学资源相对匮乏,且专业涉及范围较广,资源库建设难度大。

物流管理职业教育教学资源库倾注了全国高职院校教师的心血,取得了令人瞩目的成绩,其教学资源被大量下载使用,教师、学生、社会学习者广泛受益。该资源库促进了不同地区专业之间的交流,解决了教学资源地域不均衡的问题,提高了学校专业教学水平,改善了各类物流培训的质量。但也必须看到,目前的资源库在建设框架、建设机制、建设方法、建设标准等方面还存在严重的缺陷。资源整体的建设必须要上升到国家层面,从立法的角度构建大的格局,从机制上解决顶层设计问题。资源库的建设要与专业的标准建设对应,与国际认证对应,以解决未来专业国际化问题。本书从宏观政策建议到微观的资源建设方法逐一阐述,同时介绍了澳大利亚 VET 的做法,希望能够对未来资源库的进一步提升有所帮助。

本书可以作为高职物流管理专业教学资源建设的参考材料,也可以作为教师使用资源的指导用书。

作　者
2019 年 4 月

目 录

第一章 教学资源库概述 ... 1
　一、基本概念 ... 1
　二、国内外资源库建设概略 ... 5
　三、我国资源库建设中的问题 ... 6

第二章 物流管理专业的特点及教育教学资源需求分析 ... 10
　一、高职物流管理专业的范围 ... 10
　二、物流管理专业教学资源库的构架设计 ... 10

第三章 物流管理专业资源库申报 ... 15
　一、建设目标确定 ... 15
　二、建设团队组织 ... 17
　三、申报书的撰写 ... 18
　四、任务书的撰写 ... 18

第四章 物流管理资源库各类资源的建设方法 ... 22
　一、人才培养方案资源的建设 ... 22
　二、课程设计资源的建设 ... 38

第五章 物流管理教学资源库的未来 ... 118
　一、企业认可的标准化，国际化趋势的需要 ... 118
　二、构建智能化物流管理教学资源平台体系 ... 124

附录一 职业化轮岗训练课程内容和教学要求 ... 128
　一、仓库整体流程及操作步骤简述 ... 128
　二、各岗位操作流程及注意事项 ... 129

附录二 高等职业教育物流管理专业教学资源库建设项目第三方评价报告 ... 147
　一、项目概述 ... 147
　二、课程资源评价 ... 150
　三、门户网站测评 ... 156

四、用户满意度测评 ··· 157
　　五、专家意见 ·· 159
　　六、结论 ·· 159
附录三　高等职业教育物流管理专业教学资源库建设项目课程资源第三方评价
　　　　报告(节选) ·· 161
　　一、课程资源完成情况 ··· 161
　　二、教学设计 ·· 162
　　三、自主学习(网络课程) ·· 172
　　四、动画 ·· 173
　　五、视频 ·· 175
　　六、图片 ·· 178
　　七、案例 ·· 180
　　八、实训 ·· 187
附录四　高等职业教育物流管理专业教学资源库建设项目用户使用情况评价
　　　　报告 ·· 190
　　一、项目概述 ·· 191
　　二、规划目标与预期效果 ··· 192
　　三、评价方法 ·· 193
　　四、评价指标 ·· 193
　　五、评价周期 ·· 201
　　六、用户抽样及数据采集 ··· 202
　　七、用户反馈数据分析 ··· 203
　　八、评价结论 ·· 207
附录五　职业教育物流管理专业教学资源库项目升级改进总结报告
　　　　(节选) ·· 216
　　一、项目建设基本情况 ··· 216
　　二、任务书规定建设目标的完成情况 ······································ 218
　　三、项目应用与推广成效 ··· 220
　　四、典型学习方案 ··· 222

参考文献 ·· 228

第一章　教学资源库概述

一、基本概念

教学资源库的建设在国内已经开展了近 20 年,积累了大量的建设经验,但是目前还没有一个统一的教学资源库的概念。目前通常所说的资源库都是数字化资源库,就是将各种资源以一定的规则放置到网络平台上,这个平台就成为一个库。本书的目的是梳理资源库的建设历程,在前人的基础上探索物流管理教学资源库的整体构架和具体内容的建设方法,因此,必须从源头进行梳理,追溯教学资源库的来历,定义教学资源库。

1. 什么是资源和资源库?

当我们说一个国家拥有哪些资源时,通常指其拥有的自然资源和社会资源。自然资源有时也称为天然资源,包括阳光、空气、水、土地、森林、草原、动物、矿藏等;社会资源包括人力资源、信息资源以及经过劳动创造的各种物质财富。从表面看,一个国家可以动用的物质都可以被称为资源,但事实并非如此,一些有害且不可利用的物质(比如用过的不可再生的废弃塑料袋)就不应该被称为资源。那么可以说,资源具有价值特性,总有某一个方面能为我们所用。

资源库从字面上理解就是存放资源的仓库,是一种有目的的存储,当我们在某一个方面遇到问题时,可以在资源库中学习和寻找历史数据、资料、案例等,为解决新问题提供经验指导。也可以对库中的资源进行合并、分解、组合及分析等,产生新的作品。目前有很多领域都存在自己的资源库,比如医院的血库,负责查实病人的血型,保存血液样本及血液制品,为输血病人配血;产品设计库,收集各类设计作品并分类存放,通过对以往设计的总结分析可以预测未来的流行趋势,产生新的设计灵感等。目前在我国,资源库的概念最多的是用在教育领域,进入任何一个搜索引擎以"资源库"为关键词进行搜索,出现的结果绝大多数与教育有关,这有可能会误导读者。

我们需要从自然资源的利用角度去分析一下什么是资源,为什么有必要人为地建设一个资源库。在古代,有些地区的石油在地面流淌,但是人们不知道它有什么用途,所以在那个时候石油不是资源。当人们发现石油提炼后可以用于照明、作为燃料之后,情况就不同了,石油理所当然地成为资源,我们称之为石油资源,属于矿产资源的一类。因为石油的价值,人们就有了研究石油的动力,会在全球范围探测寻找地下的石油并详细地记载不同地方地下石油的储量、成分构成、适合的开采方式等。这些记载将用于研究,以便于今后更好地开采和利用石油。很多石油样本、各种相关的文献、各种技术资料等就被集中起来,成为一组智力资源,这个智力资源组就是资源库。随后,人们为了使库中的资源更加有条理,更方便被需要的人使用,会有意识地收集整理这个"仓库",这个库的价值也就越来越大。

通过以上内容,我们可以总结:可以称为资源的必然有价值,在某些方面或者某个角度收集某些类的资源及利用这些资源的各种信息,并将所收集之物有序存放,这个存放的空间我们称为资源库。目前普遍使用的土豆、优酷、百度文库等各类资源汇集的网站都可以称为资源库。

2. 什么是教学资源?

对于教学有价值的一切条件我们都可以称为教学资源,包括教材、案例、影视、图片、课件等。广义上讲,支撑教学的、为教学服务的人、财、物、信息,甚至教育政策都是教学资源。从狭义上讲,教学资源主要包括教学材料、教学环境等。目前,国内建设的资源库属于狭义的资源库,并且更倾向于软条件的建设。

对教学资源的认识会对后期的资源库建设,乃至对教学质量影响因素的判断产生影响。比如,人们如果忽视了教学环境、社会环境等因素的影响,会单纯地认为教学质量不佳是教师教学方法的问题。甚至有些管理者会认为充分的信息化手段可以解决绝大多数教育问题,而没有充分考虑多因素的影响。因此,对教学资源的认识必须要从广义的范围出发,在广义的框架下,认识狭义的教学资源,分小模块建设资源,最终才可能有一个完备的教学资源体系。

3. 什么是职业教育教学资源库?

根据目前国内建设的情况,教学资源库基本分为基础教育类型、职业教育类型和本科以上教育类型。本书只研究职业教育类型的教学资源库。

从字面理解,教学资源库就是为教学的需要而建设的资源库。因为不同类型的教学需要不同,建设的目标要有一定的区别。广东环境保护工程职业学院的钟剑平老师给出定义:"教学资源库是指按照统一的符合国际标准的技术规范和课程内在逻辑关系构建的、由优秀的数字化媒体素材、知识点素材及示范性教学案例等教学基本素材构成的,可不断扩充的开放式教学支持系统。"浙江国际海运职业技术学院的方晓莹给出了教学资源的概念,即"在教学系统中支持整个教学过程达到一定的教学目的,实现一定教学功能的各种资源统称为教学资源"。

教育部在2010年发布了《关于开展高等职业教育专业教学资源库2010年度项目申报工作的通知》(教高司函〔2010〕129号)。其后的《高等职业教育专业教学资源库项目申报指南》中有关于资源建设内容的描述:

按照共建共享、边建边用的原则,依据企业人才需求确定高职教育专业人才培养目标,系统设计专业课程体系,以企业技术应用为重点,建设涵盖教学设计、教学实施、教学评价的数字化专业教学资源,包括专业介绍、人才培养方案、教学环境、网络课程、培训项目,以及测评系统等内容。其中资源素材是核心,主要有:

(1)职业标准、技术标准、业务流程、作业规范、教学文件等文本;
(2)企业生产工具、生产对象、生产场景、校内教学条件等图片;
(3)企业生产过程、学生实训、课堂教学等音视频;
(4)工作原理、工作过程、内部结构等动画;
(5)虚拟企业、虚拟场景、虚拟设备以及虚拟实训项目等;
(6)企业案例、企业网站链接等;
(7)数字化教材、教学课件等;
(8)习题库、试题库等。

专业教学资源应体现共性特点与个性需求相结合,针对专业相关技术应用及职业岗位要求,建设普适性的专业教学资源,通过拓展模块兼顾不同区域和院校特点,不断丰富发展。

根据专业教学资源内容、形式、标准、所需存储空间等特点,遵循通用的网络教育技术标准,通过网络开发和数据库技术,将专业教学资源集成为资源库。专业教学资源库要求架构合理,安全可靠,具有先进性、实用性、开放性、通用性、标准化特点。

2015年以后无论是资源库申报指南还是具体的资源库评议指标,都有不同程度的调整。《教育部办公厅关于做好职业教育专业教学资源库2017年度相关工作的通知》(教职成厅函〔2017〕23号)这样描述:

功能定位:资源库定位于"能学、辅教"。"能学"指凡有学习意愿并具备基本学习条件的高职院校学生、教师和社会学习者,均能够通过自主使用资源库实现不同起点的系统化、个性化学习,并实现一定的学习目标。"辅教"指教师可以针对不同的教授对象和课程要求,利用资源库灵活组织教学内容、辅助教学实施,实现教学目标;学生可以在课堂教学以外,通过使用资源库巩固所学和拓展学习。

  建设思路:资源库建构遵循"一体化设计、结构化课程、颗粒化资源"的逻辑,强化应用功能和共享机制设计。资源布局与运行平台功能的一体化设计是资源库建设的前提,应以满足用户使用需求为目标,根据专业领域特点,对知识结构、资源属性和运行平台功能等进行整体设计;成套规范的课程是资源库建设的重点,要在教学改革的基础上为用户提供代表本专业最高水平的整套专业核心课程,用户使用过程中新搭建的课程可作为资源库运行过程中的新生资源,但不作为资源库必须具备的"结构化课程";体现信息技术优势的小颗粒资源是资源库建设的基础,库内资源要在保障科学性和有效性的前提下尽可能设计成较小的学习单元,颗粒化存储,便于检索和组课。

  由此可以发现,我国高职所要建设的教学资源库,并非一般性的教学资源库,而是一个基于网络平台的数字化教学资源库,这个数字化教学资源库是以专业为单位来建设的。国家项目申报和建设的实际情况均符合这一特点,即由具体的某一个学校牵头,若干学校的同类专业合作成立协作组,共同完成教学资源库建设。

  笔者认为需要定义职业教育教学资源库的概念之后再展开后续的研究:职业教育教学资源库是基于一个开放的平台,为学生、教师、企业员工及社会学习者,提供教育教学资源,实现学习者能够自学、教育工作者能够使用的基本功能,集聚经过优化的知识和智力成果。

4. 为什么要建设教学资源库?

  纵观人类历史发展,文化及教育资源的普及对人类的进步有巨大的影响,纸张和印刷术的发明极大地促进了文明的发展。在改革开放初期,国家为了普及高等教育,让全社会共享高等教育资源,创办了广播电视大学,全国各地的人都可以在电视上看到名师的课程。后来随着互联网的出现,网络学习和传播知识成为新时代的主流,知识、观点、思想的碰撞使得近些年来经济和社会出现了前所未有的发展速度。但是新的问题也随之出现,虽然有Google、百度等强大的搜索引擎,但搜索到的资源庞杂,缺乏专业的归类,干扰了学习的过程和进程。所以,建设专业的数字化教学资源库的需求逐渐被认识到,教育部开始推进该项工作。

  随着科技的进步,知识爆炸已经不仅仅是一个时髦的词语,生活中处处可以感受到知识爆炸带来的冲击。铺天盖地的知识,一方面激发了人们的学习动力,另一方面也让人们感到无所适从。近些年来,社会转型、产业结构变化、人工智能等新技术的飞速发展,使得人们不仅仅需要从一些传统的书本上学习知识,还需要不断了解其他人的想法,尤其是专业领域人士的想法,通过多种手段、多种渠道去学习。通常情况,在某一个专业领域,首先是社会生产生活的需要促成了管理方法及技术等的变革与改进;其次是研究领域对各种变革的总结与提炼,形成理论层面的成果;再次是教育领域将相对成熟的成果传授给学生及其他学习者,这个周期往往比较长,已经不能适应当前情况。当今的经济发展要求每个人边学习边更新知识。企业、科研机构、教育领域共享实践、科研成果已经是大势所趋,这也是教育界必须要面对的事实。传统的教育方式和教学内容已经不能满足社会的需求,紧跟时代的教育需要一个保持实时更新、具有生命力的数字化资源库的支持,教育教学资源库的建设成为必然。

二、国内外资源库建设概略

1. 国外资源库建设情况

在国外,比较早建设数字资源的是一些大学,比较有影响力的有美国麻省理工学院、耶鲁大学、莱斯大学和英国开放大学等。麻省理工学院是免费开放课程的先驱,目前在网上公开的课程达到 2 000 门以上,世界各地的学习者都可以访问,在中国就有麻省理工学院公开课的镜像网站。麻省理工学院的开放课件项目吸引了加州大学伯克利分校等数十所高校加入,共同形成了国际开放课件联盟(OCWC),目前这一联盟有 180 多个成员,4 000 多门免费课程;耶鲁大学的网上公开课都由著名教师开设,课程以视频的方式上传到网络,视频有字幕,便于学习;美国莱斯大学则免费共享图书馆,同时鼓励学者自己建立社区,将成果公布在社区。国外不仅有大学建设的资源库,还有大量的企业建设的以营利为目的的资源库,这些资源库往往带有互动的功能,建设者同时也是使用者。

国外还有教师教案的收费平台,比如 Teachers Pay Teachers。它是一个专注于教师之间教案交易的平台,教师可以将自己优秀的教案放到该平台进行分享、出售,从而获得更多的优秀教育资料。刚刚毕业进入教学工作的教师因为缺乏教学经验,通过 Teachers Pay Teachers 购买其他优秀教师的教案可以让自己快速成长。而提供教案的教师则在这种激励下制作出更好的教案,因此形成一个良性循环。教师在该平台可以自行设置出售价格,并且可以根据用户的反馈对教案进行改进。平台上大多数收费教案的价格在 5—10 美元,同时也有很多免费教案。

此外，国外还有培养兴趣及好奇心的资源库、儿童教育资源库、研究类资源库等。

2. 我国数字化教学资源的情况

2003年开始，我国启动高等教育国家精品课工作，2008年建设了国家精品课程资源中心，建成了国家精品课程资源网，形成了一定规模的课程资源库。精品课程不仅有本科精品课，还有高等职业教育的精品课，课程几乎包括了当时（2004年）所有的专业。同时，各省也相继开展精品课程的建设，在当时有效地推动了课程资源的共享。在后来的十几年间，精品资源共享课、MOOC等相继出现，建设思路在不断拓展，建设构架越来越优化，为教育的发展提供了有力的支持。

高等职业教育资源库的建设起源是高职的国家示范校建设，示范校建设的后期，国家认为专业资源的建设是一项重要的工作，可以单独立项建设。2010年，教育部组织高等职业教育专业教学资源库立项建设，首批立项10个专业，由宁波职业技术学院牵头的物流管理教学资源库是其中之一。目前物流管理专业教学资源库的资源存放在"职业教育数字化学习中心"（亦称"智慧职教"）网站，这是一个由高等教育出版社建设和运营的职业教育数字教学资源共享平台和在线教学服务平台，是国家"职业教育专业教学资源库"项目建设成果面向全社会共享的指定平台。该平台开放汇聚和运营省级、校级以及企业资源库的建设成果，为各级各方各类资源库的集成共享和推广应用提供支撑服务。平台立足于创新资源应用模式、构建资源共享机制，探索以云服务的方式为有需要的院校或企业开通专属在线教学云平台（职教云），在"职教云"中构建属于自己的在线教学环境；帮助教师或培训师整合平台资源和自有资源，为自己的学生和员工开设专属在线课程，开展线上线下混合教学或培训。

此外，国内还有中国教育在线（www.eol.cn）、CERSP（中国教育资源服务平台 www.cersp.com，"新思考网"）等平台教育教学资源库，在此不再赘述。

三、我国资源库建设中的问题

从资源网站、平台的建设范围来看，国内资源库建设与国外类似，有国家教育管理部门牵头的建设、大学自主的建设、企业的市场化行为等，建设的内容涵盖也与国外很多优秀的网站类似。但是国内的建设存在很多问题，如果这些根本问题得不到解决，资源库建设将需要非常长的时间，通过低效率的反馈机制去完善，将极大影响教育的质量。

1. 不同类型资源库扮演的角色问题

资源库建设中的建设者不同,建设的目标就会有所区别,这一点我们需要借鉴国外的建设经验。比如在建设一个资源库之前需要确定这个资源库的性质是公益的还是营利的。这一点在我们国家资源库建设中,尤其是国家出资建设的资源库中没有一个明确的说法。如果是国家建设的公益性质的资源库,那么就需要有一个机制去管理维护资源库,有持续稳定的资金跟进,以保证资源库中资源的更新及资源质量的不断提升;如果是营利性质的资源库,那么就需要一个营利的设计。比如先期国家投资建设资源的归属,接下来谁来建设,资金由谁来出,资源库由谁来运作,整体营利机制如何设计,获得的利润如何处置等问题都需要明确。在一个国家整体的资源库建设中,不同的资源库需要扮演不同角色。比如有些带有标准性质的资源应由国家建设,并公布在政府网站或者政府委托的网站,以体现其权威性和公益性。在所有资源的建设中,国家层面的资源建设都应该是先行者,这个层面制定的政策、标准等是其他资源库建设的依据,国家管理机构的缺位将造成其他资源库建设的混乱,造成资源浪费。

大学建设的资源库要有学科特色并反映研究的特点。研究型大学的资源库就不能仅仅是教学课件、教材等的罗列,它应该具有启迪智慧、激发研究者的灵感、激发学习者的兴趣等方面的作用;职业类院校建设资源库,需要考虑职业领域对应的岗位的需求,建设中除需要考虑教学功能之外,还需要考虑企业和社会培训的需要,需要考虑动手操作层面资源的建设,需要具备展示技能操作甚至训练技能操作的功能;社会机构和企业的以营利为目的建设的资源库则更加灵活,它们针对市场的需求建设。由于企业对市场的良好把握,他们往往更能了解社会需求,从而有针对性地提供资源。每一种资源库的建设都必须明确资源库自身在整个国家资源库建设中的位置,明确建设的目标,这样才能形成一个健康的、全国性的资源库体系,而这个体系的良性发展会促进各类资源库的进一步发展。

2. 资源建设的质量目标模糊

以高职为例,资源库建设的技术目标详细且要求比较高。但是对资源建设的内容是否能够达到要求则缺少衡量的标准。比如说物流专业"配送"概念这个知识点,需要用案例来帮助学习者理解。那么,用什么样的案例是如何确定的呢?如果没有标准,建设者可以随意在网上下载改编一个案例,或者根据自己的理解编制一个案例,而这个案例能否对学习者有帮助,是否会误导学习者就不得而知了。这种审核目前基本不存在,因为如果以个人观点去审核,由不同的人审核会有不同的结果。那么如何去确定资源建设的目标成为当前必须要考虑的问题。所以目前急需解决的问题是明确资源的内容建设标准,包括知识理解类资源的标准和技能掌握类资源的标准。

3. 资源建设内容跟不上社会经济的发展

由于缺乏企业与学校合作建设资源的机制,大量的企业资源不能被教学利用。同时社会经济的发展速度越来越快,新技术、新管理方法在企业界不断更新,使得教学资源的可用寿命越来越短,需要及时不断地更新。对企业而言,制作资源库往往无利可图,对参与资源的建设没有主动意向,也不存在约束机制,学校的一厢情愿无法实现更新的目标。以物流领域的入库理货岗位为例,传统的教学及配套资源一般是纸质材料的使用,有部分使用条码扫描等设备使用的资源已经是难能可贵。但是目前先进的物流企业已经无纸化作业,采用流水线加智能机器人理货等方式,传统的资源慢慢成了讲历史故事的素材。因此,深度的产学合作,将学校的人才培养过程和企业的经营过程紧密联系在一起,在合作中使用企业的新资源,并用企业的新资源及时替代以前的陈旧资源显得非常必要。

4. 同类资源重复建设

目前,很多高职院校都在建设本校的资源库,同时教师也在申报市级的资源库、省级的资源库、国家级的资源库。还有很多名称不叫资源库,但是与资源库非常类似的建设项目也都在建设之中。教师参与建设项目的目的往往是以教学及科研成果的获得为目的,盲目申报。各级管理部门则往往以政绩为目的,重复确立建设项目。大家都疲于应付,忽视了建设的质量,忽视了资源建设的系统性,资源在低水平层面快速扩大规模。

5. 资源建设的内容缺乏整体构建思想

目前,职业教育教学资源库的整体构架基本是从教学过程出发的,从专业的定位到专业课程的确定,从课程内容到知识点和技能点,在此基础上制作课程设计图片、文本、动画、视频等类型的资源,在建设思路上,是传统教学过程的翻版。这种构架思想从学校和教师的角度考虑得多,从学生角度考虑得少。在面临"能学、辅教"这样的国家建设要求的时候,这样的资源库就暴露出它的缺点,即不利于资源制作者以外的教师引用资源,因为教学思路有差异;同时也不利于学生自学,因为没有按照学生的自学来安排资源,学生找不到自学的路径。目前的资源库建设基本都没有考虑不同使用者的需求,比如一个社会学习者进入资源库平台后,通常只能按照章节或者目录一个一个地看过去,和所有的人都走一样的学习路线,学习效率低。

6. 资源库的建设过程没有形成合力的利益机制

资源库的制作一般由学校的教师和资源的制作者(可能是一些资源制作公司)共同完成,在这个过程中有国家或者各级政府及学校的资金支持,资源制作完成后,资源的所有权属于出资人。对于教师和资源制作者来说,这是个一次性的工作,制作完成教师得到教学成果,可能用于教学评比及事业晋升等方面,参与制作的公司得到制作费。正是这种一次性的任务,降低了制作者的责任感,也降低了资源的制作质量。当资源需要更新的时候,可能因没有经费的支持而不能更新,或者更新资源的又是另一批人。所以,必须要建立一个能够让优秀的资源制作者受益的机制,让更多的人愿意参与到资源制作中来,这是保障资源质量和资源更新,保障资源推广使用的关键。

7. 国家高职资源库评审指标中存在的问题

教育部2016年颁发的《职业教育专业教学资源库项目验收评议重点和指标》规定,验收资源库从资源建设(30%),其中包括资源规划(5%)、组织体系(10%)、资源内容(15%),资源应用(50%),其中包括功能实现(10%)、基本应用(20%)、校企融合(5%)、社会服务(5%)、特色创新(10%)以及资源更新(20%),其中包括更新机制(10%)、更新实效(10%)等三个大方面,10个观测点来评议一个资源库的优劣。评议指标体系已经非常全面,但是落实到具体的评议则没有具体的衡量标准,或者说这些评议标准笼统且没有可操作性。例如资源规划这个观测点的具体解释是:"本资源覆盖专业所有基本知识点和岗位基本技能点;拓展资源体现行业发展的前沿技术和最新成果,集合本专业领域全国不同地域特点和技术特色的优质资源;库内资源丰富多样,在数量和类型上大大超出库内提供课程所调用的资源范围,实现资源冗余。"

那么需要确定的是,物流管理应该有哪些知识点和技能点呢?行业前沿的技术和最新成果需要用什么样的资源来体现呢?资源的数量多就可以得到高分吗?这样,打分时就只能大概估计,可能忽视了真正的优质资源。

第二章 物流管理专业的特点及教育教学资源需求分析

一、高职物流管理专业的范围

一般认为物流管理的内容包括三个方面,对物流活动诸要素的管理,包括运输、储存等环节的管理;对物流系统诸要素的管理,即对其中人、财、物、设备、方法和信息等六大要素的管理;对物流活动中具体职能的管理,主要包括物流计划、质量、技术、经济等职能的管理等,范围非常大。那么高职物流管理专业到底应该如何定位并确定培养内容呢?这个问题困扰我国高职院校很多年,观点不一,众说纷纭,直到近些年才实现逐步统一。目前国内高职物流管理专业的专业定位虽然各有特色,但是核心课程基本一致,主要包括仓储、配送、运输、成本、供应链、生产物流、营销等,名称虽有不同,但内容相似;面向的工作领域包括商贸、生产制造、国际货运代理等。

二、物流管理专业教学资源库的构架设计

(一)物流管理专业教学资源库的功能需求

教育部制定的《职业教育专业教学资源库建设工作指南》中关于资源库功能定位是"能学、辅教"。"能学"指凡有学习意愿并具备基本学习条件的职业院校学生、教师和社会学习者,均能够通过自主使用资源库实现系统化、个性化学习,并达到一定的学习目标。"辅教"是指教师可以针对不同的学习对象和课程要求,利用资源库灵活组织教学内容,辅助实施教学过程,实现教学目标;学生可以在课堂教学以外,通过使用资源库巩固所学知识、实现拓展学习。这一定位符合当前社会对资源库的需求,所以资源库的设计可以围绕"能学、辅教"展开。

1. 能学目标的实现

为了实现"能学"这一目标，我们必须从一个学习者的视角去设计资源库，想象一个学习者进入资源库后的学习路径和学习过程。试想，一个学习者进入资源库之前必定有注册的过程（这个功能目前的资源库都有），在完成注册之后，就可以知道学习者的基本情况：他（她）属于哪一类学习者，学习者的个人特点是什么。那么就需要为不同的学习者设计不同的学习旅程。比如一个企业的员工，岗位是仓库入库理货员，他（她）需要提升自己的能力，为职务晋升做准备，那么他（她）需要的路径就应该是其岗位的拓展性知识和技能相关知识的学习，资源库为其提供的自学资源应该是理货岗位对应的知识、理货在整个仓库作业流程中的作用及与其他工作环节关联的资源。他（她）学习的内容可能不是很多，但是要很有针对性，这样才能让他（她）有学习的兴趣和动力，也符合他（她）的学习能力。所以需要设计尽量多的学习旅程，个性化设计自学的过程，针对不同的旅程，设计不同的资源组合。目前，任何一个学习者进入资源库后都只能按照学校学生学习课程的过程学习，这个学习过程基本是所有精品课程的设计思路，让学习者无从下手。若由学习者自己设计自己的学习过程，一方面他们可能没有这个能力，另一方面也浪费时间，这就降低了资源库推广的可能性。

还以仓库入库理货员为例，当他（她）进入资源库完成注册之后，应该看到"知识学习""技能学习""管理能力提升"这样的导引按钮，点击进入"知识学习"后可以看到"概念知识""流程知识"等导引按钮，点击"概念知识"按钮之后，可以看到主要的概念，点击这些概念按钮之后可以看到解释这些概念的文字、图片、动画、视频、案例等资源。清晰的路径让学习者能够清楚地知道自己在做什么，最后达到什么样的目标。学习完成之后再到考核模块参加测试，从而完成学习的考核。

2. 辅教目标的实现

与"能学"的目标对应，"辅教"功能的实现则需要从一个教师的视角去设计资源库。教师也分为不同的类型，比如专业的负责人、老教师、新教师、为物流管理本专业学生开设课程的教师、为其他专业开设物流选修课程的教师等。不同类型的教师有不同的需求，比如一个专业的负责人需要的主要是专业课程如何设置、专业的培养过程中如何设计企业合作课程、人才培养方案如何编制等资源。老教师已经有丰富的开课经验，他们主要是寻找自己已有资源以外的资源，充实教学内容。新教师则需要学习如何建设课程、如何设计教学的过程等，他们需要更全面的资源，最好有示范课程和已经模块化的资源，以便于他们选取。开设选修课的教师往往因为选修课课时少,面对的学生缺少专业基础知识等原因,需要简化课程,建设一个通俗但又能够包含课程主要内容的课程。现在的资源库的设计基本符合一名新教师的使用习惯,没有个性化,所以需要设计教师的工作旅程,这个旅程中也需要一层层的按钮,指引教师便捷地使用资源库。

(二)资源库建设内容需求及分类

在教育部《职业教育专业教学资源库建设工作指南》中,资源库内容包括专业介绍、人才培养方案、教学环境、网络课程、培训项目以及测评系统等。

这些内容基本涵盖了教师和学习者所需要的资源,但是这些描述不适合在资源库中作为资源分类的标准,至少不能全部使用这样的描述。目前资源库内部关于内容的分类方法很多,比如以下是分类的一种:

专业教学标准库:人才培养目标、培养方案、职业能力标准、课程建设标准、专业课程体系。

专业实训库:行业规范、实训设计、专业认证。

职业信息库:行业介绍、企业信息、企业产品新技术、企业职业岗位描述、职业资格标准、企业链接。

媒体素材库:文本类素材、图像图形类素材、音频类素材、视频类素材、动画类素材。

专业认证库:职业资格认证标准、国家认证、公司认证、行业认证、网上认证链接。

学习评价库:评价方法、评价手段、评价内容。

资源重新归类后,便于在网站平台上建栏目,也基本达到了《职业教育专业教学资源库建设工作指南》对内容的范围要求,有一定的价值,但是类似这样的分类却没有很好地体现资源库的功能。从一个库的角度来看,虽然一系列资源已放置到库里面,但是无论教师还是学习者,当他们进入库内的时候,面对这么多资源,不知道该从何下手。所以这种分类不可取,分类必须要考虑使用者,同时对资源进行有效的编码,方便调用。

目前物流管理教学资源库的内部框架分类如下:

课程库:基本教学资源,主要包括课程教学大纲、试题库、多媒体课件、理论实训一体教材、职业活动教学设计等。

案例库:由部分原创案例及改编案例组成,原创案例由学校与企业共同编写。

视频库:与物流活动要素相关的视频,由原创录制及购买版权的视频组成。原创视频主要由制造业、流通业、第三方物流、交通运输业、农产品、石油化工等具有代表性的行业物流组成。

动画库：与课程内容直接相关的动画。

图形素材库：由各种格式的图构成。

自主学习平台：供学生远程自主学习使用。

虚拟仿真库：利用信息技术实现的虚拟现实、仿真等表现物流业务的软件。

行业标准库：物流行业的相关标准。

行业法规库：物流行业的相关法规。

完成以上分类之后，物流管理专业所建设的资源，按照课程、章节、资源类型和对应知识点进行了编码，但是编码在实际应用过程中没有发挥应有的作用。

还有很多已有的分类方式，在此不一一列举。不管是哪一种分类方式，目前都没有能够为使用者提供一个清晰的使用线路、提供一个使用旅程规划。在此，我们不妨做个分类的计划。

首先，无论如何分类，都应该从学习者的角度考虑。学习者分为两大类，即教师和学习者，那么，资源分类必须要有教师资源和学习者资源的分类。这一点很容易理解，关于专业如何设置、专业的人才培养方案如何制定等内容，学习者没有必要知道，如果看到，反而是对他们的干扰。这一分类与其他分类方案有很大的交叉，比如一个资源既是教师资源，同时又是动画资源，也是行业的法规等。我们给资源分类并不是一定要将资源按照一个分类标准存放，而是使用分类标准来为不同使用者的调用提供方便。所以，分类主要是为了编码，也就是说任何一个资源的编码中都有关于这个资源是教师资源还是学习者资源的标注段。

其次，从高职院校学生教育过程的角度给资源分类（社会学习者可以参照这个分类寻找资源）。以物流管理专业为例，高职教育的过程是从专业调研开始的，专业建设者需要调研本专业所在区域物流的特点、调研本地区企业中需要哪些类型的技术技能型人才，形成调研结论，之后制定人才培养方案。这个专业建设过程的资料就是一个有价值的资源，它们能够指导一个还没有物流管理专业的院校，为其提供一个建设的案例，使其建设过程更加顺利。接下来，人才培养方案、课程设计等教学文件等都可以作为资源出现。"人才培养方案""课程设计"等也都可以作为分类的指标。伴随着人才培养的过程，课堂的教学，实训室内的教学，企业内部的教学等教学形式逐渐形成。这样就出现了和课堂教学对应的常规课程设计之外的实训课程设计、实训项目设计、企业内部实践课程设计等资源。企业内部实践课程设计还可以分为参观、短期企业实践、长期企业实践、顶岗实习等类型的资源。无论是哪一类资源，都可以有文本、图片、视频、动画、案例等分类。

再次，从企业学习者的角度，以岗位为基础对资源进行分类，这一问题在十几年的资源库建设中一直争论不休。2010年物流管理专业建设之初，就有人提出按照企业工作岗位来建设资源，教育工作者可以根据岗位资源，进一步按照教学规律组织这些资源。这种思路在其他专业资源库建设中也有一定的体现，但是最终都没有完全按照这一思路实施。出现这一结果的原因可能是资源库的建设者以学校为主，教师习惯于从教学的角度去考虑需要什么资源。另外一个原因则是以建设企业岗位为主要分类的资源需要企业的紧密配合，而在企业内部，即使是相同岗位，岗位操作也因操作规范或行业的特点而有所不同，制作资源的难度大大增大。但是从目前资源使用过程中发现的问题来看，按照岗位对资源进行分类很有必要，如果没有这种分类，资源库就没有办法推广到企业，企业用户不会花费像学生那么多的时间学习，他们需要的是有针对性的学习。将资源按照岗位进行分类，便于企业使用者搜索学习，使得为企业学习者提供一个学习旅程成为可能。

实际上，所有资源都可以赋予一个编码标识段后增加到资源库中，使用者通过导航按钮或者搜索即可使用这些资源，同时这些资源可能也属于其他分类。比如国际认证的相关资源，它可以单独作为一类出现，也可以出现在其他分类之中，比如在课程设计时可以设计国际认证的课程。

综上，所有资源都可以放在一起，只要能够按照一定的规则调用就可以实现资源的有效利用，实现调用的基础是资源编码。比如某一个资源的编码是：PS010203040506001理货，PS代表配送课程的资源，01代表教师教学用资源，02代表仓储企业类岗位，03代表仓库理货岗位，04代表视频资源，05代表企业真实岗位的录像，06代表流程知识，"理货"是资源的名称，001代表序号。那么这个资源就可以属于多个分类，被多个按钮引用，为制定多种教学设计和学习旅程服务。

第三章　物流管理专业资源库申报

一、建设目标确定

从目前国家的导向和资源库建设的趋势看,"能学"和"辅教"是资源库基本的功能,但是每个资源库都有其专业和行业特点,建设目标会有所不同。对比一下2010年物流管理专业资源库申报时的建设目标与园艺技术专业资源库的建设目标,可以看到时代的痕迹。

物流管理专业资源库的建设目标如下:

(1)全面整合高等职业教育与社会职业培训两大技能型人才培养领域资源,建设可持续发展的国家级物流管理专业集成服务系统。以全面提高物流管理专业教育教学质量为根本任务,整合高等职业教育与社会职业培训两大技能型人才培养领域,建设完成一个集教学资源集成与共享、教改成果推广与利用、就业与人才信息采集与发布三大功能为一体,满足学生学习、教师教学需求,并能随着时代进步和技术演进而平滑升级的,可持续发展的国家级物流管理专业集成服务系统。本项目面向高素质技能型和应用型人才培养,希冀带动物流管理专业建设、人才培养模式创新、优质核心课程开发、精品教学资源创作、多种先进教学手段利用,从而拓展我国高职物流管理专业学生的学习领域,拓宽学习渠道。提高我国物流管理专业职业教育和职业培训的师资队伍水平和人才培养质量,可以推进我国从人力资源大国向人力资源强国转变。

(2)采用工作过程为导向的课程开发方法,广泛吸纳包括双证教育的培训资源在内的社会培训与教育资源,构建理论与实践一体化的课程体系与教学实施方案,按照专业、课程、素材三层框架来组织建设物流管理专业资源库。以物流管理专业核心课程建设为根本基础,通过技术与管理创新,按照专业、课程、素材三层框架,形成拥有人才培养方案、课程大纲、教学设计、教学案例、教学评价与考核、职业标准、企业案例、虚拟实训项目、教学演示文稿、习题等的数据资源,实现对课程内容的快速访问和个性化主动服务,使广大物流专业教师和学生能够方便、快捷地享用优质教育资源,使教师的教学更加个性化,同时也满足学生个性化学习的需要,将其辐射到全国范围内开设物流管理专业的高职高专院校,从而惠及物流管理专业的高职院校学生、教师以及众多社会上的技能型、应用型人才培养,提高职业教育和职业培训的师资队伍水平和人才培养质量。

(3)基于互联网平台,采用虚拟现实仿真技术,构建以物流企业需求为依据,以学生就业为导向,适应行业技术发展,体现实践教学内容,具有实用性和前瞻性,能增强学生就业能力的物流专业职业教育实训、实习环境,为学生搭建职业教育与企业及社会培训体系的平台。互联网通信技术的发展,虚拟现实仿真技术的使用为物流管理专业教学、实训的发展带来了新的契机,同时也为高等职业教育的现代化带来新的机遇、需求和挑战。虚拟现实技术进入物流管理专业的职业教育领域,能形象生动地表现其教学内容,有效地营造实践教学环境,提高学生掌握知识、训练技能的效率。同时,远程与虚拟仿真技术的运用,能够有效降低物流专业实践环节教学成本,提高学生就业力。

园艺技术专业的建设目标如下:

园艺技术专业资源库以建设一流团队,汇聚一流资源,提供一流服务为目标,建立一个资源丰富、使用灵活、实用性强、能适合多种途径使用(手机、电脑、电视)并可持续发展的共享型高职教育园艺技术专业教学资源库,满足教师、学生、企业员工和自学者的需求,为全国相同及相关的教学改革和教学实施提供范例和共享资源,为提高园艺技术专业人才培养质量和推动园艺行业企业发展提供指导、支持和服务。为社会学习者提供资源和服务,增强职业教育社会服务能力,为形成灵活开放的终身教育体系,促进学习型社会建设提供条件和保障。

物流管理专业教学资源库的建设目标历经十几年的风雨,又经历了转型升级的过程,实际上,升级后的建设已经达到现在的目标要求。目前,物流管理专业教学资源库的建设目标在升级任务书中有新的描述。

根据《教育部关于确定职业教育专业教学资源库2015年度立项建设项目及奖励项目的通知》(教职成函〔2015〕10号)和《职业教育专业教学资源库建设工作指南》(2016年)相关要求,我们在已有的物流专业教学资源库基础上,更新完善物流专业优质教学资源共建共享,进一步推动职业教育物流专业教学改革,扩展教与学的手段与范围;带动教育理念、教学方法和学习方式变革,提高人才培养质量。重点本着为全国物流相同(相近)专业的教学改革和教学实施提供范例和优质资源,探索基于资源库使用的学习、培训等学习成果认证、积累和转换机制,为社会学习者提供资源和服务,增强职业教育社会服务能力,为形成灵活开放的终身教育体系、促进学习型社会建设提供条件和保障的宗旨,进一步建设和发展原有资源库的资源。

我们继续联合国内优势专业院校,依托物流行指委,通过校际合作、校企合作、产教融合的模式,整合院校和行业资源,建设具有"能学""辅教""培训"等多重功能的教学资源库和多平台的应用体系,规范和引领全国的职业院校物流管理专业教学改革,促进泛在、移动、个性化学习方式的形成,实现在线学习、辅助教学、培训交流等多种功能,成为活跃度较高并持续应用的资源库。

(1)梳理提升物流资源库建构逻辑,实现"能学""辅教"功能。对原有资源库内容的梳理,使得凡有学习意愿并具备基本学习条件的职业院校学生、教师和社会学习者,均能够通过自主使用资源库实现系统化、个性化学习,提升"能学"功能;通过对原有资源库教学辅助功能的升级,提升资源库的"辅教"功能,从而,教师可以针对不同的学习对象和课程要求,利用资源库灵活组织教学内容,辅助实施教学过程,实现教学目标。

(2)建设技术先进、实用便捷的物流资源库应用平台。以移动互联技术为支撑,完善资源库平台。以大数据分析为基础,建设具有学习引导、课程学习、网络指导、评价测试、知识拓展、仿真训练等功能的在线学习和辅助教学资源平台;扩大资源库平台的服务范围,将资源库的用户扩展到企业和社会学习者。

(3)完善物流资源库建设应用质量保障体系。针对资源库的建设者、学习者和管理者制定各项应用激励制度和经费使用制度,构建规范的资源库建设和应用机制,保障资源优质、高效运行及可持续应用。

在物流管理资源库升级中,资源库的应用问题已经非常突出,多年辛苦制作的资源正在变得陈旧,而资源却主要存在库里,应用只限于很小的范围,这也是国家资源库升级建设的主要原因。没有应用就没有更新,而应用一方面需要有高质量的资源,一方面需要有高水平的平台。所以资源库升级中强调平台的建设目标和质量保障,强调资金的使用和可持续性,虽然持续更新的问题至今没有完全解决,但是这些目标的反复强调为今后得到社会各界关注起到一定的作用。

二、建设团队组织

从资源库的建设内容可知,资源库的建设过程既需要教育界的参与,也需要企业界的合作;既需要宏观的把控,也需要具体措施的实施。所以其建设团队应该包括教育专家、行业专家、学校教师及专业的资源制作公司和平台提供商。在整个资源库建设过程中,教育界专家提供符合教学规律的专业教学需求,将宏观的建设目标分配到各实施环节;行业专家参与整体的设计,使得目标能够符合行业的需求;学校教师参与到建设过程提供资源建设落实的方案,将资源建设目标落实到课程,撰写资源制作脚本,由教师团队或者与专业的资源制作公司合作制作资源。以物流管理专业为例,为了更好地完成资源库建设任务,牵头院校与各方合作组成了"国家示范性高职院校建设工作委员会物流管理专业课程开发与资源库建设项目协作组",协作组包括高校专家、高教出版社、行指委、企业专家和建设院校等方面的成员,为资源库的建设提供了有力的组织保障。

三、申报书的撰写

申报书通常由申报院校的校级部门统一撰写,其撰写方法更像是科研课题申报书,除了要写明团队的基础条件等之外,需要主要说明资源库建设的基本思路、基本框架结构、建设的内容、建设的步骤、建设的保障条件、预期效果、资金安排等。由于申报书的内容在本书的各个部分都有体现,在此不再叙述。

四、任务书的撰写

资源库建设任务书是建设的依据,同时也是国家验收的重要参照。由于任务书撰写的依据是申报书和《职业教育专业教学资源库项目验收评议重点和指标》,所以任务书必须贯彻申报书的思想,具有自己的特色,还要使建设任务能够达到验收评议指标的要求。

(1)任务建设的整体框架要清楚,即要简要说明建设任务的实施思路,可以使用图表加文字的形式。图3.1是物流管理专业教学资源库升级任务书这部分的图表。

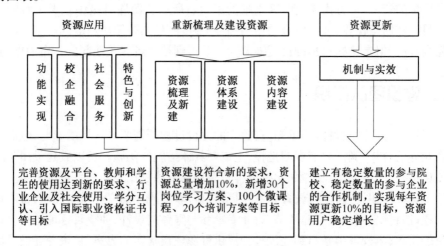

图3.1 任务书建设框架

从图中可以看出整个建设工作从三大方面展开,包括"资源应用""重新梳理及建设资源"和"资源更新"。

(2)建设任务要以申报书中的建设目标为基础,围绕评议指标逐条落实。以 2015 年《职业教育专业教学资源库项目验收评议重点和指标》体系为例,我们来看一下物流管理专业教学资源库升级时任务书的撰写过程。

首先看部分评议指标(如表 3.1):

表 3.1

一级指标	二级指标	三级指标
资源应用 (50%)	功能实现 (10%)	①支持个人自学、学历教育、职业培训与认证 ②为学生、教师、行业企业人员、社会学习者等各类用户,提供多终端的资源检索、信息查询、资料下载、教学指导、学习咨询、讨论答疑、就业支持等服务;通过搭建虚拟仿真学习训练环境,实现课堂教学、虚拟仿真、远程互动一体化教学 ③共享平台框架设计合理、先进,交互性好,界面视觉表现规范、美观,导航清晰,资源库素材能以知识点、技能点为线索系统呈现,网站运行环境良好,响应速度快
	基本应用 (20%)	①资源库支持线上教学或线上线下混合教学,促进教与学的改革,探索教与学、教与教、学与学互动的专业教学模式 ②教师率先使用,项目主持学校相应专业教师使用资源库进行专业教学的学时数占专业课总学时的比例达 60% 以上,项目联合建设学校该比例达 40% 以上 ③学生广泛使用,项目主持学校 50% 以上的本专业学生使用本资源库,项目联合建设学校 30% 以上的本专业学生使用本资源库 ④各类用户积极使用资源库浏览、下载资源,参与课程学习和线上互动等 ⑤发挥示范效应,辐射带动建设学校其他专业以及相关中职专业教学改革

这是评议指标中的资源应用部分的指标,这些指标都将用于资源库验收时的评分,任务书的撰写均应有所对应。物流管理专业教学资源库升级的对应方式如表 3.2。

表 3.2

一级指标	二级指标	三级指标
功能实现	1. 资源的功能建设 2. 平台的服务功能建设 3. 平台本身服务能力的建设 4. 资源在教师领域的推广与使用 5. 资源在学生学习中的运用	1. 完善资源，使资源能够支持个人自学、学历教育、职业培训与认证 2. 为学生、教师、行业企业人员、社会学习者等各类用户，提供多终端的资源检索、信息查询、资料下载、教学指导、学习咨询、讨论答疑、就业支持等服务；通过搭建虚拟仿真学习训练环境，实现课堂教学、虚拟仿真、远程互动一体化教学 3. 完善共享平台，使界面视觉表现规范、美观，导航清晰，资源库素材能以知识点、技能点为线索系统呈现，网站运行环境良好，响应速度快 4. 项目主持学校相应专业教师使用资源库进行专业课教学的课时数达到 200 以上，项目联合建设学校达到 100 以上 5. 学生广泛使用，项目主持学校及参与院校专业学生 80% 以上注册使用本资源库，注册学生中的活跃用户数达 80% 以上 6. 与 30 家以上中职学校签订资源库使用协议

在撰写过程中，评议指标中有量化指标的尽量经过计算之后在任务书中用量化指标表述，比如"项目主持学校相应专业教师使用资源库进行专业课教学的课时数达到 60% 以上，项目联合建设学校达到 40% 以上"这个指标。

为了能够方便地检验任务书的完成情况，最好能够在任务书中做一个总体的量化表，格式类似表 3.3。

表 3.3

序号	建设内容
1	2015 年底资源总量达到 8 000 条，以后每年以 10% 的速度增长
2	完成 10 门课程完整的知识树构建
3	保证资源更新不少于 1 000 条，完成 10 门课程的建设，课程内容涵盖与知识树对应
4	针对课程对应的岗位（群），制定 30 个以上学习方案
5	完成微课 100 个以上
6	完善 10 门课程的设计
7	设计 20 个以上针对企业的培训方案
8	完善 60 个教学设计

续表

序号	建设内容
9	建设30个以上国家助理物流师资格考试内容分解后的相关课程资源,以视频和动画形式为主
10	项目主持学校相应专业教师使用资源库进行专业教学的课时数达到200以上,项目联合建设学校达到100以上
11	项目主持学校及参与院校物流专业学生80%以上注册使用本资源库,注册学生中的活跃用户数达80%以上
12	尝试把课程资源用于物流企业职工继续教育,建设至少10个试点企业
13	企业员工注册并使用资源库学习人数达到500名以上
14	社会学习者注册用户数达到500人以上,以后每年增加10%以上
15	完成3本教材更新的编写
16	建设200个以上与国际对口职业资格证书内容相关的资源

第四章 物流管理资源库各类资源的建设方法

一、人才培养方案资源的建设

职业教育的人才培养方案千差万别,受地区经济结构的影响,高职物流管理专业必须面向地域,为本地区经济发展提供人才,这是人才培养方案出现差异的一个主要原因。由于不同的学校对物流管理专业的理解不同,也会在制定人才培养方案时组织不同课程体系和培养方法,这是造成人才培养方案差异的第二个原因。另外,为适应新的形势和新的改革需求,出现了学分制的人才培养方案、现代学徒制的人才培养方案、专业融合的人才培养方案、国际化认证的人才培养方案等,这是造成人才培养方案差异的第三个原因。基于以上原因,物流管理资源库中应包含各类人才培养方案编制常用的方法、各种人才培养方案的编制范例等资源,这是目前物流管理资源库中所缺乏的。

(一)步骤一:人才培养方案制定的前期调研

目前,每一个高职院校都有共同的要求,即每年专业的人才培养方案的编制都需要开展市场调研工作,那么人才培养方案制定的前期调研到底应包含哪些方面的内容呢?首先,分两种情况,第一种是新设专业的调研,另一种是已有专业的调研。对于新设专业,主要的调研目的是新设专业人才的市场需求情况——是否有对应的岗位或者岗位群,在有需求的前提下,分析这类人才培养的可能性和可行性,以及拟新设专业的可持续性。目前有很多新设的专业,虽然在经济发展过程中非常热门,但其岗位能力复合了几个专业的知识和技能,培养难度大,在无法打破传统的学校系部的管理制度、没有配备师资条件的能力的情况下,开设后难以达到市场的需求。对于已有专业的调研,则包含以前培养效果的分析、新经济形势对专业新的要求等,是人才培养方案的改进调研,以下主要阐述已有专业的调研。

已有专业一般情况下不需要全方位的调研活动,所以明确调研目的,有的放矢才能有更好的效率和效果。通常对专业人才培养方案有影响的是学生的反馈、经济发展转型需要和政府产业政策调整等方面。以下是笔者撰写的某年度调研报告，是主要针对经济发展转型需要和政府产业政策调整两个方面的调研报告。

物流管理专业××级人才培养方案调研报告

1. 调查背景

物流管理专业是国家首批示范院校的示范专业，也是教育部高职高专教学资源库首批建设的专业，在深化内涵、提升质量方面有了长足的进展。掌握最新的物流行业的发展和物流人才的需求状况，是该专业更好地进行人才培养模式、专业课程体系、实习实训基地及师资队伍等方面建设的基础，为此对细节物流行业的相关状况进行调研。

2. 调研目的

通过调研，掌握区域和行业经济发展方式转变和产业结构调整升级带来的变化，了解用人单位对物流管理专业人才的需求现状，掌握物流管理人才的需求缺口，让物流管理专业培养的人才适合市场的需求。通过调查一些典型的物流招聘岗位，掌握用人单位对本专业人才的培养要求（企业接受毕业生的数量、企业内部人员学历层次及人员素质、企业需要什么样的专业人才等），分析不同岗位对物流人才能力的要求，得出不同地区、不同行业、不同管理层的岗位对物流人才需求的特点。掌握毕业生就业岗位、职业生涯发展情况，通过对毕业生的走访、调查，对毕业生的就业情况、岗位胜任情况、职业发展情况进行全面了解。重点调查第三方物流企业、生产企业的工作流程、岗位设置和能力标准，企业对不同岗位的员工在知识、素质及能力方面的要求，企业主要物流设施、设备、物流技术的应用、信息化管理的现状及存在问题等。通过专业调查，进一步完善物流管理专业人才培养方案。

3. 政策扶持现状

2009年，国务院将物流业列为十大振兴产业之一，并出台了我国第一个《物流业调整和振兴规划》，其中明确指出："物流业是运输业、仓储业、货代业和信息业等的复合服务产业。"宁波被列为全国性首批物流节点城市，在《全国铁路集装箱中心站总体规划方案》中，宁波又被列入全国18个城市集装中心站建设范围。

2010年，教育部下发关于高等职业教育专业教学资源库建设的文件，宁波职业技术学院物流专业是教育部高职高专教学资源库的首批单位,通过项目建设,对相关产业发展有四个贡献:一是项目建设促进了高职物流专业课程建设紧密对接产业需求;二是项目建成直接用于企业在岗职工及社会学习者;三是分别建成行业标准数据库和行业法规数据库;四是项目建设采用学校与企业共建共用平台的方式,实现双赢多赢。

4. 行业需求分析

宁波职业技术学院位于宁波经济技术开发区,比邻宁波港主港区——北仑港,年吞吐量已超1 000万标箱,成为我国第二大货物吞吐港口和第四大集装箱港口,又是临港工业集群腹地,其中有世界500强企业39家,加工制造企业700多家。世界级物流"巨头"普洛斯、马士基、美国UPS等纷纷落户北仑。宁波港口物流以先进的软硬件环境为依托,强化其对港口周边物流活动的辐射能力,突出港口集货、存货、配货特长,以临港产业为基础,以信息技术为支撑,以优化港口资源整合为目标,发展具有涵盖物流产业链所有环节特点的港口综合服务体系。服务特色是在港口物流供应链中的重要环节集装箱仓储运输业务中,利用先进的信息技术和物流装备,做好拼箱货物的运输、仓储、装卸等,并与商检、货代、港口堆场等部门产生业务关系,为用户提供货物集散物流服务。依托宁波港口物流区位优势,建设具有港口特色的物流管理专业。

据中国物流与采购联合会调查预测及宁波市物流协会有关数据统计和行业权威专家预测,物流人才供给远远不及需求,如图4.1和图4.2所示。

在行业企业调研基础上,以我国第一个《物流业调整和振兴规划》《物流术语》和《物流企业分类与评估指标》为标准,依据中国物流与采购联合会和原劳动社会保障部出台的《物流师国家职业标准》中对"助理物流师"职业道德、职业知识和职业操作技能的要求,依据宁波及长江三角洲企业对物流管理人才素质和能力的需求,针对高职学生自身特点和毕业生就业岗位群综合职业能力内在要求,以及随着物流业发展学生岗位迁移和可持续发展能力的潜在要求,开发以客户物流服务为工作过程的逻辑主线,以分析客户物流服务为典型工作任务,根据完成典型工作任务所需要培养的学生职业心态、职业素养、职业道德、职业能力、职业技能以及可持续发展的能力,设计具有宁波港口物流特色的物流管理人才的培养方案。

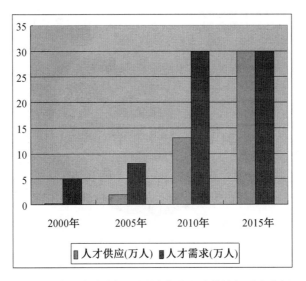

图4.1　全国大专(高职)以上物流人才供给与需求分析

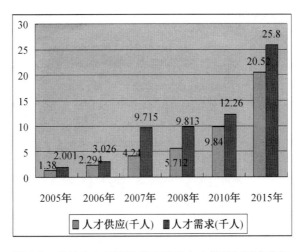

图4.2　宁波大专(高职)以上物流人才供给与需求分析

(1) 物流领域业务与岗位分布(如图4.3)。

图4.3 物流领域业务与岗位

(2) 岗位与人才培养规格(如图4.4)。

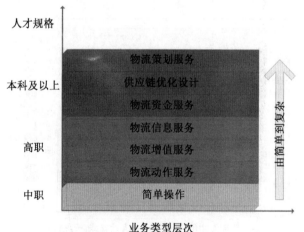

图4.4 岗位与人才规格需求

(3)高职初始岗位与目标岗位(3~5年)(如图4.5)。

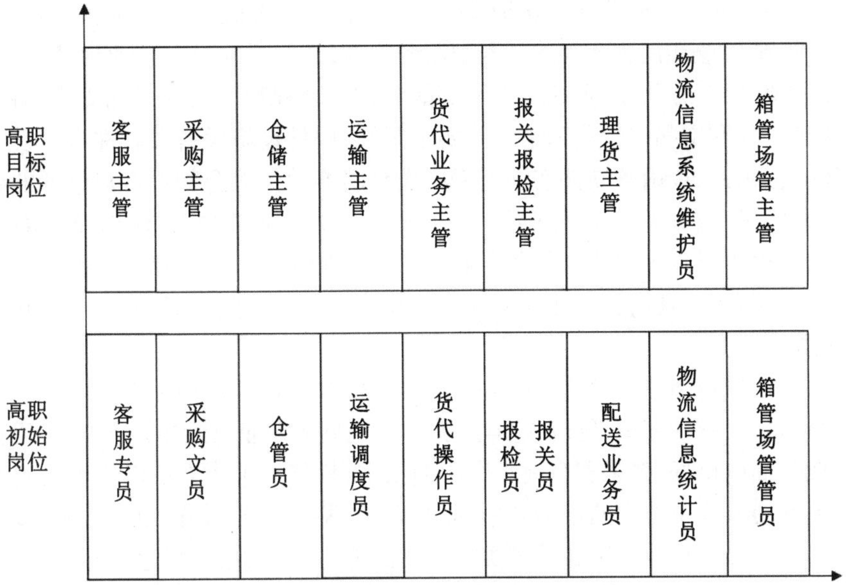

高职目标岗位	客服主管	采购主管	仓储主管	运输主管	货代业务主管	报关报检主管	理货主管	物流信息系统维护员	箱管场管主管
高职初始岗位	客服专员	采购文员	仓管员	运输调度员	货代操作员	报关报检员	配送业务员	物流信息统计员	箱管场管员

图4.5 高职物流岗位群

(4)从事物流领域业务需具备的综合职业能力(如表4.1)。

表4.1

职业核心能力(5项)	商务服务意识与能力
	组织与沟通能力
	数字统计与信息处理能力
	商务公文起草能力
	英语汉语演讲与展示能力
专业能力(6项)	采购服务与组织能力
	运输服务与组织能力
	仓储服务与组织能力
	配送服务与组织能力
	报关与货代服务与组织能力
	箱管与场管能力
	港口设备管理和操作能力

(5)职业岗位轮训课程设计。

通过调研确定职业岗位轮训课程具有一定教学价值,物流业是融合运输业、仓储业、货代业和信息业等的复合型服务产业,涉及供应链制造业内部物流、流通业物流、第三方物流、第四方物流等战略伙伴全程物流服务系统优化,对物流服务的时间和空间个性化和柔性化要求很高,硬件设施设备和软件系统设计要求不同。因此,校内软硬件实训室无法满足培养学生综合物流客户服务的职业能力的需求,或者说只能训练某个点,无法培养物流企业最看重的吃苦、敬业、诚实守信、合作忍耐等职业素养和职业道德。必须借助生产性实训平台,通过真实设备、真实业务、真实客户业务流程训练和培养学生职业素养、职业道德和综合职业能力。

此外,职业岗位轮训课程能实现一定的教学目标。学生能够深入企业一线,向企业员工、技术人员、管理人员学习,学习他们的专业技能和管理方法,逐步适应社会,面向市场;熟悉和掌握生产中的技术、科学的工作方法以及解决问题的技能;获得实际工作中的市场开拓、业务洽谈、客户服务、操作技能、技术管理、质量管理、人员管理等解决和处理实际问题的能力;加强纪律观念,提高自觉遵守劳动纪律的意识,遵守各种工作流程的操作规定;了解企业设施设备和先进技术、简单操作、安全管理和现场管理;了解物流人才市场需求,更新就业观念,调整就业心态,适应人才市场的需要,提高人才市场的竞争能力。

5. 调研结论

(1)专业定位是培养能够支持宁波北仑临港物流产业发展的高素质、高技能物流管理人才,深入挖掘目前的专业潜力,建设成以港口特色为中心,临港物流产业为支撑圆的国内一流的物流管理专业。

(2)物流管理专业的定位是建设成国内一流,特色鲜明的国家知名专业,所以专业立意要考虑岗位的普适性。

(3)人才培养方案的制定应该在物流教学资源库已有资源的基础上,结合区域经济特色,重在修订改进,而不是推倒重来。

(4)强化后续课程设置,按照调研中企业反馈的情况,加强学生以下素质的培养:

①基本的道德品质和职业素养。

②职业核心能力,包括与人合作的能力等。

③广博的知识面和宏观视野及战略眼光等。

④物流管理专业需要延伸知识结构。

(二)步骤二:课程体系的调整

物流管理专业的课程设置经过近二十年的不断探索,已经有比较稳定的课程体系,核心课程的设置通常不需要调整,需要调整的是专业核心课的课时比重。因为现代社会更需要复合型的应用人才,学生学习的内容过于集中和单一不利于学生未来的发展。所以,在总课时一定的情况下,需要增加更多的选修课程。而选修课需要从两个方面增加,一是公共选修课,二是专业选修课。公共选修课由于范围大,学生选择的随意性大等原因,往往难以控制学生的学习内容。所以应该从专业的角度考虑专业选修课程的开设方式。以下是可以采用的调整方法(如表4.2,表4.3)。

表4.2 某院校2010年物流管理专业专业必修课程设置

专业必修	专业基础课程	统计与财务基础	2学分	32课时
		外贸基础	2学分	34课时
		物流基础	2学分	32课时
	专业课程	仓储作业管理★	3学分	41课时
		临港企业物流管理★	3学分	54课时
		采购管理	3学分	50课时
		运输管理(集装箱)	2学分	34课时
		配送作业管理★	3学分	54课时
		国际货运代理★	3学分	51课时
		报关与报检	3学分	54课时
		港口物流实务	3学分	54课时
		物流法规	2学分	32课时
		物流英语	2学分	32课时
		物流信息技术操作★	3学分	54课时
		物流成本管理	3学分	54课时
		供应链管理	2学分	34课时
	综合实践课程	储配方案优化设计与实施	4学分	64课时
		电子口岸物流综合一体化实训	8学分	90课时
		职业化轮岗训练	12学分	218课时
		快递配送实操	7学分	102课时

注:★是专业核心课程,其他课程分为专业基础课、专业课和综合实践课程,都是必修课,但是没有专业以外的选修课程。

表 4.3　某院校 2017 年人才培养方案中专业必修课的设置

专业必修课	专业基础类	物流基础	1 学分	16 课时
		经济学基础	2 学分	32 课时
		管理学基础	2 学分	32 课时
		外贸基础	2 学分	32 课时
	专业核心类	★运输作业管理	3 学分	48 课时
		★仓储作业管理	3 学分	48 课时
		★配送作业管理	3 学分	48 课时
		★物流成本管理	3 学分	48 课时
		★物流数据管理与应用	3 学分	48 课时
	选修模块一	物流创新案例分析	1 学分	16 课时
		物流创业计划书制定方法	2 学分	32 课时
	选修模块二	电子商务概论	2 学分	32 课时
		电子商务管理实务	2 学分	32 课时
		网店管理	2 学分	32 课时
	选修模块三	市场营销与策划	2 学分	32 课时
		网络消费心理学	2 学分	32 课时
		国际货运代理与销售	2 学分	32 课时
	选修模块四	企业物流管理	2 学分	32 课时
		智能制造中的物流管理	2 学分	32 课时
		物料管理	2 学分	32 课时

在开展模块选修的基础上,该院校还开设了大量其他类型的单独出现的选修课程,如"人工智能与物流的未来""物联网与物流管理""物流机械工作原理"等。

核心课和选修课体系的变化反映了人才市场的变化,目前教育界都在谈培养复合型人才,但是如何培养复合型人才却没有系统权威的说法,各个院校都在摸索之中。以上两个院校的课程安排都是从单一的培养物流专业知识和技能向培养多专业知识和技能转化。学生学习范围比以前明显更大,这对学生适应市场无疑有好处,但是导致的问题是有可能影响学生学习的精度,让学生不够专,所以,需要对专业核心课程的设计做新的思考。

由于复合型人才培养的要求,专业的企业实践和顶岗实习也将有新的变化。

比如，以前物流管理专业的学生企业实践和顶岗实习都是到物流公司，那么以后就将有物流管理的学生到营销类公司、制造企业、物联网企业、电子商务企业中去实习，这对传统的人才培养方法是一个挑战。

当然，伴随着以上的调整，人才培养方案课程体系中的其他部分也会有部分调整，在此不一一叙述。

（三）步骤三：课程名称及内容的确定

确定课程，主要是确定课程的名称，比如核心课程的设置往往有所不同。以仓储、配送和运输这三门课为例，有些学校分别开设这三门课程，有些学校开设仓储与配送课程或者运输与配送课程。笔者认为，现代社会需要少而精的知识和技能，之后需要的是将多种知识和技能进行组合的能力，仓储、配送和运输这三门课程看上去关系密切，很多学校将它们混合成一门或者两门课程，但实际效果都不够好，所以，建议分别开设三门课，课时适当减少。至于三者之间的连接和整合，还可能需要增设其他诸如商务、机械或者电子等专业的课程来实现，这些组合能力的培养最好放在最后的综合实训类课程中完成。在确定了课程的名称之后，就需要确定课程的内容了。课程的内容应该少而精，课程的核心能力集中培养，其他内容鼓励学生自学，忽略不重要的内容。以"配送管理"这门课程为例，核心技能是订单处理、拣货和补货，那么就应该集中精力适当增加这三个方面知识的介绍和技能的训练，并且增加三个环节联系在一起的综合训练。而诸如流通加工、送货管理、绩效管理等内容，在其他课程中也有涉及，有些则为非必要的内容，分配的课时量应该尽量少。

（四）步骤四：整体撰写人才培养方案

人才培养方案的撰写包括人才培养方案文字部分的书写、课程进程表以及诸如实践课程安排表等文件，有些学校将以上各个部分分为几个文件，有些学校则将这些内容放在一个文件里面。在此提供一个人才培养方案通常的撰写过程及注意事项。

（1）专业名称：物流管理。

（2）专业代码：620505。

（3）学制：三年。

（4）招生对象：普通高中毕业生，中等专科学校、中等职业学校、中等技术学校毕业生。

注：以上部分全国高职院校基本相同。

(5)培养目标。

本专业培养学生良好的职业道德;培养学生运输、仓储、配送业务作业能力、基层管理能力,使学生成为德、智、体、能全面发展,掌握物流管理专业必备的基础理论知识和专业技能的全面发展的高素质人才。

注:不同学校培养目标的撰写有一定的差异,有些学校不但培养操作能力,而且要求培养学生的流程优化能力,这也是当前教育界所强调的重要能力。由于各个学校培养方向的差异,描述可以有较大的变化,比如有些学校物流管理专业主要面向生产制造物流,有些则主要面向国际货运代理领域等。

有些学校会在这个地方加一个专业定位的标题,笔者认为,专业的培养目标的描述中可以叙述专业的定位,比如"本专业面向×××领域,培养×××人才",专业定位可以不另设标题。

(6)培养规格。

培养规格的一般写法是按照知识、能力和素质的要求写,如表4.4。

表4.4

要求	具体内容
知识要求	1. 具有达到国际货运代理熟练操作和应用的知识储备 2. 具有达到仓储物流管理熟练操作和应用的知识储备 3. 具有达到集装箱运输调度管理熟练操作和应用的知识储备 4. 具有达到企业物流控制、生产计划制订等熟练操作和应用的知识储备 5. 具有达到配送作业管理熟练操作和应用的知识储备 6. 具有达到物流信息技术熟练操作和管理应用的知识储备
能力要求	1. 具有对新知识、新技能的学习能力和创新能力 2. 具有通过不同途径获取信息的能力 3. 初步具备集装箱仓储公司入库理货岗位的操作能力 4. 初步具备集装箱仓储公司仓库管理岗位的操作能力 5. 初步具备集装箱仓储公司配载岗位的操作能力 6. 初步具备货代公司的操作能力 7. 初步具备货代公司的销售能力 8. 初步具备货代公司的客户服务能力 9. 能制订生产企业简单的生产计划 10. 能制订生产企业的采购计划 11. 初步具备管理成品库、安排销售物流的能力 12. 具有从事本专业工作需要的法律法规知识 13. 具有团队合作、协调人际关系的能力

续表

要求	具体内容
素质要求	1. 培养具有与人协调沟通,共同完成物流工作的技能 2. 具有协调物流业务各环节,整合资源的技能 3. 具有接受环境挑战的意识 4. 具有作业风险防范意识 5. 具有吃苦耐劳的精神 6. 具有承受巨大寂寞压力的素质,能够保持平常心和宽容心

注:培养目标和培养规格这两个标题有不同的写法,有些学校在培养目标中写总目标,即前面所写的内容,在总目标之后加具体培养目标,即按照知识、能力和素质目标分别写。有些学校则将具体的培养目标放在人才培养规格中描述。这样就产生了一个问题,人才培养规格和培养目标到底是什么样的关系?笔者认为,人才培养目标是人才培养最终要达到的结果,注重概括性描述。人才培养规格则是人才培养结束后可以用来检验人才培养质量的具体要求,规格和具体目标是一致的,但是规格最终要有可检验指标。比如定做一张办公桌,那么要告诉制作者办公桌的尺寸、材质、结构、油漆、颜色等规格指标,在接收办公桌时可以用这些规格指标验收。

(7)职业资格证书。

这部分内容的撰写可如下例。

考取下列职业资格证书之一:

①助理物流师职业资格证书。

②叉车操作技能证书。

③外贸单证员证书。

注:在资格证书标题后,有些学校会增加"就业面向"标题,笔者认为,这个标题可有可无,因为在培养目标中已经有面向哪些领域培养人才的描述。

(8)课程体系与课程安排。

①课程体系。

在这部分需要说明专业培养的整体结构,包括培养的核心能力模块、专业培养的方向模块,这些模块的知识和能力目标通过什么样的过程和手段实现,整体的人才目标如何实现,事实上就是要说明专业的整体人才培养规划。目前这部分比较好的写法是绘制培养过程图。图4.6为天津交通职业学院的专业课程体系。

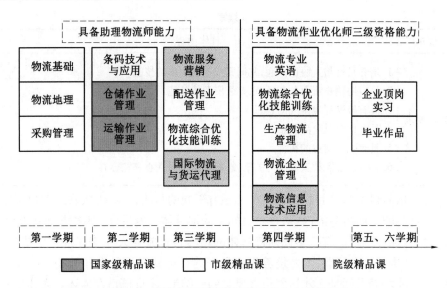

图4.6 天津交通职业学院递进式专业课程体系

在这个部分,有些学校的岗位群分析有借鉴意义,即首先分析专业面向的岗位和岗位群,分析岗位群的工作过程,分析岗位所需要的知识和能力,之后将岗位工作过程中所需要的知识和能力落实到课程中,从而整理出课程体系框架,如表4.5。

表4.5

行动领域	学习领域
物流客户需求分析	物流客户营销
物流方案设计	物流方案设计
物流项目合同订立	项目计划与合同签订
物流业务计划制订	
物流服务供应商选择	采购服务与运作
货物入库作业操作	仓储服务与运作
货物出库作业操作	—
运输服务与操作	运输服务与操作
货物运输代理运作	货运代理运作
货物报关与报检	报关与报检
配送管理	配送管理
物流信息处理	物流技术及管理信息系统

续表

行动领域	学习领域
物流成本计算	物流财务分析
物流效率分析	物流绩效评价

这种分析似乎天衣无缝,但是却很难突破我国传统的教育体系。在资源库建设之初曾经有过按照工作岗位来设计资源体系,还是按照课程来设计资源体系的争论,最终所有的学校都没有脱离原来的课程体系框架。原因是传统的课程体系有其系统性,如果按照工作岗位去梳理资源,将传统的课程打乱,可能会使原有的体系不完整,从而失去学校教育的优势。如果能够按照工作岗位梳理,将学习领域和行动领域完全对应,并形成一个完整的人才培养系统,当然是好事。但是目前的状况是每一个高职院校都在孤军奋战,没有强大的专家团队支撑,最终又回归到传统的课程体系框架。以上图为例,"运输服务与操作"这个行动领域对应"运输服务与操作"学习领域,且不说运输服务与操作是否可以算一个学习领域,单纯讲运输服务与操作岗位的工作就非常复杂,不同课程知识和技能的混合体,以一门课程很难与之对应。

②教学进程表。

不同学校教学进程表的设计虽然有各自的特点,但都大同小异,表4.6可以作为参考。

表 4.6

课程类别	序号	课程编码	课程名称	考核方式		教学时数分配			开课学期	周学时	备注
				考试	考查	总学时	讲授	实践			
公共基础课	1		形势政策教育								
	2		大学生心理健康教育								
	3		就业指导								
	4		思想道德修养与法律基础	√							
	5		毛泽东思想和中国特色社会主义理论体系概论	√							
	6		体育	√							
	7		计算机基础	√							
	8		大学英语	√							

续表

课程类别	序号	课程编码	课程名称	考核方式		教学时数分配			开课学期	周学时	备注
				考试	考查	总学时	讲授	实践			
专业课	专业基础课	9		物流概论	√							
		10	经济学基础	√							
		11	运输作业管理	√							
		12	管理学概论		√						
		13	仓储作业管理	√							
		14	采购与供应管理	√							
		15	配送作业管理	√							
		16	国际货运代理	√							
		17	物流市场营销		√						
		18	供应链管理		√						
		19	商品养护	√							
		20	商务沟通	√							
		21	电子商务	√							
	专业拓展课	22	办公自动化		√						
		23	物流设施与设备	√							
		24	外贸英语		√						
		25	物流法规	√							
综合素质课		26	志愿者活动		√						
		27	礼仪		√						
		28	形体与舞蹈		√						

(9)实训和实践安排(如表4.7)。

表4.7

开设学期	课程名称或实训项目	实训内容	实训目标	学时数	实训场所
二	仓储作业认知	企业参观实习,初步认识岗位的操作过程	货架认知;入库作业;组托作业;盘点作业;打包作业;装卸搬运作业;补货作业;降低仓储成本与提高绩效管理解决方案设计;仓储企业认知;应用物联网技术进行自动化立体库作业明细分类账的登记	6	企业
二	企业物流课程实训	沙盘模拟训练	完成经营沙盘的全过程	32	实训室

(10)主要专业课程简介。

此部分列举主干课程和专业特色课程,并说明其主要教学内容和教学要求等。

(11)毕业标准。

①学分要求:如表4.8。

表4.8

学分类别	学分	占总学分比例	小计
通识必修	33	24.00%	必修学分比例:64%
专业必修	55	40.00%	
通识选修	6	4.36%	选修学分比例:36%
专业选修	43	31.64%	

②证书要求:获得专业要求的资格证书。

也可以纯文字的方式写,比如:三年制学生须修完本方案规定的必修课程及一定数量的选修课程,至少获得137学分及本方案规定必须获得的职业资格证书之一方能毕业。

二、课程设计资源的建设

(一)课程教学标准资源的建设

以前经常使用的课程大纲已经逐步被课程标准取代。课程大纲更加强调课程的知识和技能最终将实现的结果,但是缺乏具体的标准,用课程标准取代课程大纲是进步的体现。

1. 课程标准的结构

课程标准是规定一门课程完成后,学生应该知道什么、能够做什么,前者是知识的掌握程度,后者是技能目标。通常的课程标准包括如下内容:课程基本情况、课程定位、课程目标、课程内容及要求、教学评价与考核等,不同学校的格式有所不同,但是课程内容这个核心部分的要求基本类似,我们来看看各部分的具体写法。

课程基本情况:包括课程简介、课程性质、课程类型等内容。

课程定位:课程在整个专业人才培养过程所处的位置,是核心课还是其他类型的课程,课程的前序课程和后续课程有哪些等。

课程作用:课程培养哪些专业技能、哪些素质、对应哪些岗位。

课程目标:包括能力目标、知识目标、素质目标,是否对应职业资格证书等。

课程内容与要求:这部分内容是课程教学实施的关键,在工学结合的基础上,对课程的教学可以采取多种教学方法,为便于对课程的教学过程进行监控和考核评价,要求标准制定者对于每一部分的课程内容描述必须详尽,对应的学生应获得的知识、培养的能力与态度等说明也要具体,同时必须突出对能力的要求。

教学评价与考核:包括项目考评、过程考评、报告考评、知识考评等。形成性评价和结果性评价要对知识与技能、过程与方法、情感态度与价值观等进行全面评价。

2. 课程标准的撰写

课程标准是课程实施需要达到的最基本的要求。以下是一个课程标准样例。

配送作业管理课程标准

课程名称:配送作业管理。
适用专业:物流管理。
(1)课程定位和设计思路。
①课程定位。
本课程是物流管理专业的核心课程,介绍物流配送作业管理的知识与技能。课程以物流配送业务流程为主线,从认识物流配送业务和配送中心开始,分析和处理客户订单,依据客户订单完成拣选、加工、包装、优化配送路线、积载车辆、补货、退货、评估配送作业绩效等一系列作业,学会利用资源,高效完成工作的方法。

课程性质:专业核心课。
前导课程:物流基础。
后续课程:供应链管理、顶岗实习。
②设计思路。
本课程以配送的基本工作过程为主线,模拟真实的工作环境设计训练内容,根据技能及学习者未来的发展确定所要传授的知识点,使学习者通过对课程资源的有效利用,完成系列实训活动,并在操作的基础上,探索操作中存在的问题,主动学习并提出管理建议,培养基层管理能力及素养。

教学法:讲授法、案例分析法、小组讨论法、角色扮演法。
教学手段:多媒体、软件操作、校内实训室和资源库资源利用等。
教学组织形式:课堂教学、实训室训练等。
学时与学分:51学时,3学分。
(2)工作任务和课程目标。
①工作任务。
配送作业是物流的主要功能之一,主要工作内容是按照客户的需求组织货源,组织入库作业、在库的管理、拣选作业、送货作业等。其作业过程需要用到多种搬运设备和运输设备,且信息化程度要求高,是典型的物流业务。
②课程目标。
参照《物流师国家职业标准》,根据配送岗位能力要求,培养学生以下专业能力:

- 客户订单处理能力。
- 拣选、加工、包装作业组织能力。
- 优化配送路线,积载车辆及送货能力。
- 合理组织补货能力。

- 合理组织退货能力。
- 配送作业绩效评价能力。

以上能力的训练,使学生学习到对应的知识,提高综合素养,为学生从事配送工作提供知识和技能准备。

(3)课程内容和教学要求(如表4.9)。

表4.9

序号	典型工作任务	技能内容与教学要求	知识内容与教学要求
1	配送作业认知	—	**内容**:配送概念、特点、地位、功能、类型;配送中心概念、功能、类型、设施设备简介及配送业务基本流程介绍 **要求**:通过视频介绍、动画演示等手段,认识配送的概念及类型等,从而理解配送对经济运行的重要性。以配送中心作为载体,整体认识典型配送工作的全过程,为下一步的学习打好基础
2	订单管理	**内容**:能够对订单进行分析和处理 **要求**:以实训的方式训练订单处理技能;完成订单处理实训和订单处理优化实训	**内容**:从接到客户订货开始到拣货之前的作业阶段,是配送的核心工作内容之一,包括接受订单、客户信用确认、订单形态确认、建立客户档案、存货查询和存货分配处理等 **要求**:掌握订单处理知识
3	拣货作业管理	**内容**:能根据具体业务要求,选择正确的作业信息传递方式、合适的拣货设备、合适的拣货单位,按照拣货作业流程操作,制订拣货作业计划与实施计划 **要求**:完成摘果法与播种法拣选对比操作实训和拣货作业计划制订及实施实训	**内容**:包括拣货的概念、拣货方法选择、拣货路径规划、拣货作业计划、拣货作业基本原则、拣货作业区域规划、拣货作业信息传递、拣货作业流程优化以及拣货技术 **要求**:掌握拣货的概念及作业流程

续表

序号	典型工作任务	技能内容与教学要求	知识内容与教学要求
4	流通加工	**内容**：在了解流通加工的类型、作用、技术等的基础上，能够针对具体的加工任务组织安排工作，能对流通加工任务进行排序 **要求**：完成合理组织分配流通加工任务和流通加工任务的排序	**内容**：流通加工的形式、典型流通加工的工时计算、流通加工的作业排序、包装技术、流通加工的合理化等 **要求**：掌握流通加工的概念，流通加工合理化的原则
5	送货作业管理	**内容**：能够运用知识优化设计配送线路，能够正确完成车辆配载，解决实际问题 **要求**：完成配送线路优化设计实训和车辆配载训练	**内容**：利用配送车辆把客户订购的物品从制造厂、生产基地、批发商或者配送中心送到客户的手中，其过程包括配送线路设计、车辆积载等 **要求**：掌握路线优化、调度积载等知识
6	补货及退货作业管理	**内容**：利用补货原则和方法合理补货；能利用模拟实训，完成手工补货流程操作；能利用模拟实训，完成退货操作 **要求**：完成补货作业实训和退货作业实训	**内容**：补货原则，补货方式，补货作业流程知识及作业方法；退货原则，退货作业流程 **要求**：掌握以上知识
7	配送作业绩效评价	**内容**：能够利用基本的指标评价部分配送工作的绩效 **要求**：完成订单作业绩效评价和拣货作业绩效评价	**内容**：配送作业绩效的指标体系及配送作业绩效的评价分析 **要求**：了解配送作业绩效的相关知识

(4)实施建议。

①教材编写。

教材使用高等教育出版社出版的《配送作业管理》。

②教学方法。

本课程的学习应该兼顾知识和技能，技能的训练必不可少，在实训室条件不允许的情况下，可以利用物流管理教学资源库的实训软件完成实训。

③教学评价。

理论考核和实践考核相结合，形成性考核和终结性考核相结合，个人成绩和小组成绩相结合。理论考核以知识的掌握程度为标准，实训考核根据学生预习情况、操作情况、个人和小组展示成绩综合评定。其中预习占20%,操作情况占60%,个人和小组展示占20%。建议形成性考核占60%,终结性考核占40%,终结性考核可以是理论和实践的综合考核。

④教学资源。

教学资源包括物流管理教学资源库的资源及以下参考文献、网站。

- 《仓储与配送管理实务》,宋文官主编,高等教育出版社。
- 《物流配送》,丁立言,张铎主编,清华大学出版社。
- 《配送中心运营管理》,江少文主编,高等教育出版社。
- 《物流配送业务管理模板与岗位操作流程》,吕军伟编著,中国经济出版社。
- 中国物流与采购网(http://www.chinawuliu.com.cn)。
- 环球物流(http://www.global56.com)。
- 中国物流网(http://www.6-china.com/)。

这个课程标准的格式是高职院校通常采用的格式,从表面上看已经很全面。但是,深度思考一下就会发现其中仍然存在问题。首先,整个高职领域所做的课程标准,似乎都无法准确衡量执行的人是否达到了标准。是否能够给出一个有衡量指标的样例呢？是否能给出一个具备衡量指标的标准呢？作为标准,首先目标要明确。现阶段高职领域的课程教学目标大多较为笼统,制定较为随意。如果课程或者职业岗位的学习目标是清晰的、统一的,并具有权威性,那么就可以考量教学过程和结果的有效性,课程标准就不会成为形式。这里面存在多个层级的问题需要解决,第一个层级是岗位工作内容的确定,即课程对应的主要工作岗位的工作是什么,不是笼统的概括,而是具体工作环节的动作及需要的工作结果。在确定了岗位工作内容之后,提炼出需要在学校教学或者培训中能够达到的部分,确认为培训所要达到的工作能力目标。再之后是教学过程能否实现培训目标的评估,这个需要专业的教育领域及企业领域的专家组成的专业团队,或者专门的评估机构对学校或者培训机构的培训过程进行认证,评估其教学过程安排是否能够实现培训目标。最后一个层次就是教师在自己所任课程的范围内,引用现成的教学目标,设计自己的教学过程。每个学校都可以有自己的课程标准,但是有一点却是共同的,就是能够实现权威部门发布的课程所对应的岗位能力培养目标。

3. 企业实践课程标准的编写

企业实践课程通常具备在企业内部完成,课程的内容以企业内部操作的学习为主,学生处于未顶岗或者半顶岗状态,有教师的参与引导,课程由企业和学校共同考核等特点。为了让学习的过程更有效率,避免流于形式或者变成变相的打工,应该制定比较详细的课程标准。以下是一个为期3个月的企业实践的课程标准。

职业化轮岗训练课程标准

课程名称:职业化轮岗训练。

适用专业:物流管理(三年制)。

(1)课程定位和设计思路。

①课程定位。

本课程是高职院校三年制物流管理专业的一门核心课程、专业必修课程。本课程必须在企业真实的经营环境下,利用企业的工作岗位,在企业内部完成。

本课程的主要功能是培养学生的职业化素养。在职业化素养的培养过程中,使学生在仓储基层岗位操作技能、管理能力等方面得到真实的训练。同时学习企业整体运作知识,使学生的职业素养全面提高。

②设计思路。

工学结合、工学交替的职业人才培养是教育部所倡导的教育模式,其教育效果已经在世界范围内得到验证。本课程的设计思路是:采用工学交替的方式,利用密切合作的企业,在企业内部开设专业课程,在企业内部建设完成课程所必备的学习条件,在最低程度影响企业经营的前提下,与企业共同完成课程的教学过程。

高等职业技术教育在完成学生技能、能力培养的同时,需要完成学生基本职业素养的培养,而职业素养仅在学校环境下培养的效果不可能达到企业的要求,所以,职业素养的培养需要在企业环境下完成。但是,没有专业技能训练为基础的职业素养培养可能使培养过程脱离专业,浪费学生的学习时间。基于此种考虑,企业环境的选取需要与专业学习领域相关,使素养的培养与专业技能的培养结合在一起。

宁波职业技术学院物流管理专业面向涉及国际集装箱仓储、国际货运代理及制造业物流,因此,本课程企业教学环境的选取应为以上三种之一。

本课程的企业教学完全在专业的密切合作企业——迅达仓储运输有限公司(以下简称"迅达")和龙星物流有限公司(以下简称"龙星")的经营环境中完成。

课程的内容按照企业工作岗位分为两个部分:一部分是仓储的基层操作岗位,训练在迅达内进行;一部分是管理岗位的体验和训练,在龙星内部完成。两个部分的训练各为期一个半月,每个学生皆需要经过两个部分、3个月的训练才可以通过本课程。训练的两个部分就是本课程的两个模块。

本门课程共196个学时,总学分为12学分。

(2)工作任务和课程目标。

①工作任务。

本课程的工作情境是集装箱仓储运输企业,具体包括仓库、输单房、配单室、人力资源部、监控室、业务部等。主要岗位有:输单、理货、仓库管理、出库、配单、车辆调度、人力资源策划、业务联系等,这些岗位基本包括了企业的主要工作岗位,学生通过岗位上的训练及学生之间、学生与教师(包括企业指导教师)之间、学生与企业管理人员之间的定期交流,要能够完成基层岗位的操作,具备顶岗能力,能够辅助企业指导教师完成管理岗位上的工作,能够对企业整体运作提出自己的看法,对局部管理问题提出建议。

本课程所包含的工作内容如下:

- 卸货理货:货物验收与交接,信息记载,处理异常情况。
- 输单:将货物信息输入管理系统。
- 仓库保管:货位安排、货物保养、货物盘点、防火防盗等。
- 装箱理货:按照装箱指令理货装箱。
- 车辆调度:按照船期和车辆等情况,合理安排车辆。
- 配单:整理提箱单和装箱单,按货代指示提箱,配载货物。
- 人力资源管理:安排各个部门的工作,处理部门分歧,考核各部门的工作实效。参与企业的人力资源管理工作。
- 监控:负责监控操作场所的工作情况并及时反馈。

②课程目标。

通过本课程的学习,使学生能够对仓储企业的基本工作过程有深入的了解,熟知各个岗位的操作,熟悉企业的文化,能够与其他人共同工作。

A. 能力目标。

- 能进行基层岗位的基本操作。
- 能与人友好相处。
- 能进行理货作业。
- 能进行监控作业。
- 能开展行政的基础工作。
- 能具备职业人的基本素养,按照企业要求工作。

B. 知识目标。

- 企业的管理结构知识。
- 企业的行政管理知识。
- 企业安全知识。
- 企业业务相关的操作知识。

- 企业文化知识。
- 人际交往知识。

C. 素质目标。

具备在工作时将自己的工作看作为客户服务的职业素质,即总体上是为最终的外部客户服务,在企业内部是上道工序为下道工序服务,下道工序的同事就是自己在企业内部的客户。

(3)课程内容和教学要求。

本部分是实训过程涉及的企业操作内容,是学生跟岗中需要概要学习的,考核时不要求学生独立操作(见附录一)。

4. 课程整体设计的编写

课程整体设计是人才培养方案和教学过程的衔接性文件,这个设计要能够达到课程标准的要求,个性化设计教学的框架和概要过程。以下是一个整体设计的样例。

配送作业管理课程整体设计

(1)课程基本信息(course profile)。

表4.10

课程名称 course title	配送作业管理	学分 credit	3	总学时 total periods	48
课程代码 course code	206088	课程类型 course type	专业核心课		
授课对象 students	物流管理专业全日制大二学生				
先修课程 prerequisite courses	物流基础	后继课程 subsequent courses	供应链管理、顶岗实习、毕业设计		

课程团队成员(members of the course teaching team):

年　月　日

(2)本课程在实现人才培养目标中的作用与价值(course's function and value in attaining training objectives)。

①专业培养目标。

物流管理专业培养掌握现代物流技术、物流管理理论与方法、物流政策法规,主要面向临港经济的制造企业和贸易流通企业的物流部门以及第三方物流企业等基层和中层管理部门,从事业务拓展、项目实施、运作管理、项目经理和IT等岗位工作,具备良好的物流职业意识和创新创业意识,熟悉运输、仓储、配送、货代和物流信息化等主要岗位群的工作流程、技术方法和操作规范,有较强的组织管理能力,知识面宽,适应性强,具有娴熟的操作能力和一定的物流项目运营管理能力的高素质技术技能型人才。

②所在专业面向的岗位(群)。

企业物流:初次就业岗:仓管员;二次晋升岗(目标岗位):仓库主管;未来发展岗:物流经理。

国际物流:初次就业岗:单证操作员;二次晋升岗(目标岗位):业务主管;未来发展岗:部门业务经理。

运输物流:初次就业岗:调度员;二次晋升岗(目标岗位):调度主管;未来发展岗:运输部门经理。

③配送典型工作过程图(如图4.7)。

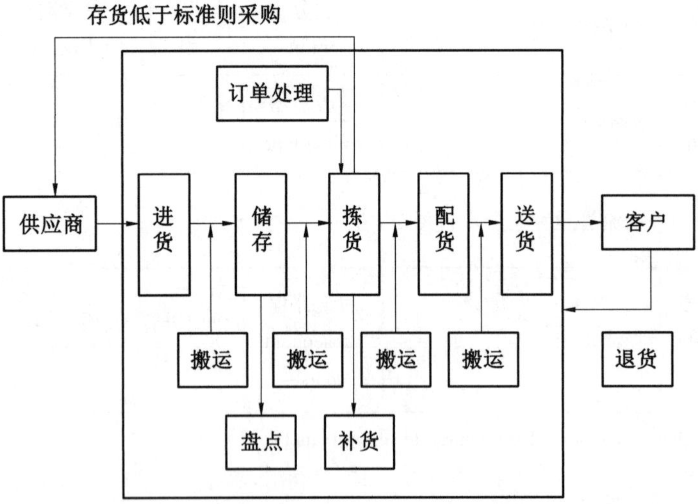

图4.7 工作过程图

④本课程在实现专业人才培养目标中的作用与价值。

配送是物流活动的核心内容,随着经济环境的变化,各类企业在经营过程中对货品的需求越来越趋向于小批量多品种的状态,对配送活动的要求也越来越严格,准确、快捷、高效已经是普遍的要求。尤其是现代电子商务快速发展,传统的物流配送已经不能满足企业的转型与发展,配送作业的效率成为发展的瓶颈。本课程安排以配送中心作业流程为基础,包含了进货、订单处理、拣货、流通加工、补退货、送货及绩效考核等工作环节,利用一系列的项目和任务,将配送作业过程中所需要的知识系统地组织成为一个整体。任务的安排更加注重通过对配送作业问题的探讨,寻求解决问题的方法,进而去学习相关的知识。这更有利于激发学生的学习兴趣,也符合目前世界教育领域翻转课堂等教育思想。

配送作业是物流活动中比较复杂的操作之一,职业教育为了让学生能够掌握作业的操作技能,教育过程往往将精力集中到具体的操作动作本身,而实际上动作往往来自于流程的要求,流程的要求又要服务于经营的目标。所以,一个有职业前途的操作人员至少要有流程的理解能力和分析能力,进而能够改善流程以达到经营的目标。配送作业流程的各个环节在本课程中基本被分解成项目,在学习每个项目、完成学习任务的过程中,引导学生分析探讨流程。在分析一个个流程的操作问题的过程中,可以发现现存的理论具有很好的指导意义。

本课程是物流的浓缩,本课程的核心内容覆盖物流管理的很多技能点,通过本课程的学习,对于理解物流理论知识,掌握基本的物流技能有极大的帮助。

(3)学习者分析(learners analysis)。

①个性特征分析。

本课程的授课对象是物流管理专业新生班,是普高毕业生和职高毕业生混合的班级,普高学生偏多。根据以往经验,主要个性特征如下:

A.行为习惯分析。

大部分学生进入高职院校是因为高考分数达不到本科的要求,学生在心理上存在一定的挫折感。高考失利的主要原因多数不是智力问题,而是没有良好的行为习惯,或者说没有很好的适应高考制度的行为习惯。

首先,在个人成长方面,一般都存在前途和发展目标不清晰或者有目标却缺乏自我约束能力的情况。行为习惯不好导致成绩不佳,反过来影响了学习的信心,从而自认为不是学习的材料,进而,那些学习不好但是有一定成就的所谓成功人士往往成为他们模仿的对象。最后容易导致学生认为学习不重要,其他行为都是在这个认识基础之上产生的。

其次,从年龄上来说,这个年龄阶段的学生喜欢新鲜事物,容易接受新观念、新思想。对新事物有良好的理解、接受和掌握能力。这一点是教学过程中必须要充分利用的重点。

再次,团队合作精神方面。学生大多为独生子女,往往主观意识强烈,比较关注自我,缺乏团队合作意识,与他人沟通交往的能力比较弱,在实际的生活和学习中对家长和老师的依赖性却很强,遇到困难和挫折容易退缩。而团队合作和人际沟通能力又是今后职业生涯中最核心的职业素养,故在课程教学过程中一定要想方设法培养学生这方面的基本职业素养。

B.学习能力分析。

虽然学生的高考成绩并不是很优秀,但即使是初高中被动地学习,学生的基本知识结构也足以应对配送课程。学生学习能力方面的欠缺主要是在注意力不够集中、耐心不足等方面。基于学生的实际情况,教学过程中,概念、理论的讲解需要有引导。兴趣的培养是教学过程中的重中之重。另外,教学过程中需要理论讲解时鼓励普高学生带头发言研讨,在动手操作时鼓励职高学生起到带头作用。

②应对措施。

这个班级,前面已经学习过"物流基础""仓储作业管理"等物流课程,对物流有一定的认识。在本课程的学习中需要借助以前学习的知识,将基础课内的理论知识及仓储课程中与配送交叉相关的内容作为设计配送课程的基础。在讨论本课程内容的时候需要将前面的课程融合进来,让学生能够在学习中不断回顾以前的课程内容。

这些学生缺少的不是学习能力,而是学习的兴趣和学习习惯。在这门课程的进程中,需要不断强调任务的布置,监督学生完成的进展情况。课堂重点是学习兴趣的培养和学习思考的引导。

(4)学习结果/目标(learning outcomes/objectives)(如表4.11—表4.14)。

表 4.11

序号 NO.	学习结果 learning outcomes
O1	具备配送基层订单、拣货、补货、配送车辆调度等岗位的操作能力
O2	通过订单处理、拣选、加工、包装作业、优化配送路线、积载车辆及送货、组织补货、组织退货及配送作业绩效评价等方面的学习和训练,对配送的整体工作流程有比较好的理解,能够提供局部优化思路和建议

(可根据具体情况增减表格行)

表 4.12

序号 NO.	知识目标 knowledge objectives

续表

序号 NO.	知识目标 knowledge objectives
K1	了解配送的基本流程、配送中心的基本业务和组织结构,理解配送的概念、配送中心的概念,认知配送领域
K2	了解订单的来源、订单管理的基本技巧,掌握不同订单的处理办法
K3	掌握拣货的基本概念和基本方式,理解拣货策略的影响因素,知道拣货作业计划的制订方法和步骤
K4	了解流通加工的内涵,掌握流通加工的工作安排技巧,了解包装的基本知识和常用设备
K5	掌握送货作业中的路线优化常用方法,了解车辆配载的基本要求,知道调度的工作过程
K6	掌握补货的方式,理解补货时机与效率的关系,了解退货作业流程
K7	掌握配送作业绩效评价的基本指标体系,了解绩效评价的基本方法

(可根据具体情况增减表格行)

表 4.13

序号 NO.	技能目标 skill objectives
S1	能够运用订单处理知识,处理客户业务订单,合理分配组合订单保证拣货和送货过程有序进行
S2	能够对拣选、加工、包装作业进行综合思考,组织生产过程,降低整体操作成本
S3	能够运用配送路线优化、积载车辆等知识,组织送货,使送货过程高效低成本
S4	能够根据拣货计划,合理组织补货,保障拣货工作的连续性,同时降低整体成本
S5	能够根据企业规定及客户要求,合理组织退货,稳定客户满意度
S6	能够运用绩效管理知识,评价主要配送作业绩效水平

(可根据具体情况增减表格行)

表 4.14

序号 NO.	态度目标 attitude objectives
A1	守时,尊重他人
A2	善于沟通与合作。物流管理过程的关键是协调,在这个协调过程中需要与相关岗位的人沟通和合作,所以提升物流管理水平的关键也就是善于沟通与合作
A3	学会自主学习。无论是学习还是工作,都是一个不断学习的过程,自主学习能力能够保证工作水平的持续提高,跟紧时代的步伐
A4	能够在不同场合发表观点,具备充分的表达能力
A5	主动综合思维。现代经济的发展决定了,局部的思维和简单操作已经不能适应企业和社会的要求。学生必须养成全局思考能力,以解决整体问题为目标,平衡局部收益与损失,做到整体最大化,这一意识需要贯穿学习的整个过程。通过良好的学习态度和学习方法的训练过程,实现这一关键职业素养

(可根据具体情况增减表格行)

(5)课程内容(course content)(如表 4.15)。

表 4.15

序号 NO.	内容模块	学时
1	配送作业认知	6
2	订单管理	6
3	拣货作业管理	6
4	流通加工	3
5	送货作业管理	6
6	补货及退货作业管理	9
7	配送作业绩效评价	9
8	综合训练	3
	合计	48

(可根据具体情况增减表格行)

(6)学习任务及情境设计(learning tasks and their scenarios)。

①设计思路(design ideas)。

本课程是物流管理专业的核心课程,配送是物流活动的核心内容,随着经济环境的变化,各类企业在经营过程中对货品的需求越来越趋向于小批量多品种的状态,对配送活动的要求也越来越严格,准确、快捷、高效已经是普遍的要求。尤其是现代电子商务的快速发展,传统的物流配送已经不能满足企业的转型与发展需要,配送作业的效率成为发展的瓶颈。

配送的优势在于将零散的商流所带来的物流加以整合,集中处理。例如我们网购的一个小商品,如果单独处理它的物流过程,成本可能远远超过货物价值本身。通过集中多个网购商品,将货物集中,之后再集中送货,使得单件的物流成本大大降低,同时配送企业也可以从中获得利润。

这个道理在制造业、商业等领域具有重要意义,生活中也反复运用这个原理。

配送的相关管理知识和技能可以为你提供一种方法,即使你不从事物流工作,这种方法对你而言也具有重要的价值。

因此,本课程的教学设计采用问题教学、案例教学和项目教学的方法,让教学贴近生活,让学生在理解了基本原理的基础上去思考企业运行中的配送问题。

问题式教学法,即教师首先提出问题,学生带着问题自学教材以及教师规定的网上资源,理解问题、讨论问题,最后教师根据讨论的情况,有针对性地讲解,准确地引导学生解决问题。这一教学方法使学生在设问和释问的过程中萌生自主学习的动机和欲望,进而逐渐养成自主学习的习惯,充分体现学生的主体地位,有效地激发学生自主学习的主动性和积极性。

案例教学以讨论和思考解决方案为主,通过典型的实务案例,引导学生独立思考、交流讨论,最后形成自己的完整解决方案。案例教学法非常适合开发分析、综合及评估能力等高级智力技能,这一点对物流管理专业学生非常重要。本课程尽量选取贴近学生生活的典型工作案例,让学生能找到着手点,之后鼓励学生按照教师提供的路径查找资料。通过组成学生小组研讨分析潜在的各种解决问题的方法,最后形成结论。案例教学过程有三个关键环节:案例选取——选取学生能够分析的案例;提供案例分析的基本框架——便于学生查找资料、自主学习;讨论和分析——学生之间的沟通以及最后组织的结论分析。

项目教学以行动导向为原则,通过对配送作业技能点的梳理,选取典型工作任务,组织设计项目,有效实现相关技能培养目标。本课程的项目包括虚拟项目和实际工作项目。虚拟项目是根据教学知识点和技能点的教学需要,编制设计项目;实际工作项目以企业工作岗位为背景,通过加工、改造为训练项目。

②学习任务设计(learning tasks)(如表4.16)。

表4.16

任务序号 NO.	任务 tasks		子任务 sub-tasks	覆盖目标 covered objectives
T1	完成一个桶装水配送中心案例分析,形成自己的观点	T1-1	问题分析: ①从超市购物,你发现了哪些配送活动?哪些地方需要加强管理? ②快递是如何到你手里的? ③制造流水线上的配送你了解多少?它和你看到的其他配送有什么不同? 通过分析初步理解配送	O1;K1; A1;A2; A3;A4; A5
		T1-2	案例分析: ①某开发区设立配送中心的案例 ②桶装水配送中心案例 通过分析完成分析报告(教师布置的分解项目的分析及解答)	

续表

任务序号 NO.	任务 tasks		子任务 sub-tasks	覆盖目标 covered objectives
T2	深入分析桶装水案例,进而完成订单处理及存货分配任务	T2-1	问题分析: ①接受不同订货方式,统一进行处理,比如口头订单和传真订单在接受后如何统一安排后续工作? ②什么样的订单不能做进一步安排,也就是说不能安排后续的拣货、出货? ③如何安排不同交易形态订单的工作过程,如现销式交易订单,给货之后,配送企业应如何处理才不会混乱? ④为什么建立客户档案?	O1;O2; K2;S1; A1;A2; A3;A4;A5
		T2-2	案例分析: ①桶装水配送中心案例 ②某企业订单处理管理问题分析	
		T2-3	项目: 红日配送中心存货分配方案设计	

续表

任务序号 NO.	任务 tasks		子任务 sub-tasks	覆盖目标 covered objectives
T3	分析拣货相关问题,进而完成红日公司拣货项目任务	T3-1	问题分析： ①如果目前你手里有10个订单,每个订单中有10种商品,你面前有3个拣货员可以指派,那么10个订单怎么分给他们？ ②你的配送中心会把不同的商品放在不同的区域吗？比如纺织品、食品？ ③你会将整托盘的货物放在一起、整箱的放在一起以及单品放在一起吗？为什么要这么做？ ④你是否会把工人分片,负责自己片区货物的拣取工作？ ⑤你是否会把一个订单里面的不同产品分割开来,交给不同的拣货员去拣取？	O1;O2; K3;S2; A1;A2; A3;A4;A5
		T3-2	项目分析： 基于红日配送中心的拣货任务项目	

续表

任务序号 NO.	任务 tasks		子任务 sub-tasks	覆盖目标 covered objectives
T4	完成红日公司一个包装案例的分析	T4-1	问题分析： ①配送企业为什么要做加工工作(代客户包装等)呢？ ②你是否开展加工工作是由什么决定的,能力水平、是否有利润、是否能增加客户？ ③一个加工企业可能转化为配送企业你是否认可？举例说明一下。	O1;K4;S2; A1;A2; A3;A4;A5
		T4-2	案例分析:包装案例	
T5	完成红日公司一个配送路线优化任务	T5-1	问题分析： ①公交车的站点是怎么确定的？ ②有没有和公交车运行类似的物流配送过程呢？能够实现类似的配送模式吗？	O1;O2; K5;S3;S4; A1;A2; A3;A4;A5
		T5-2	项目分析:红日配送中心 ①配送路线优化设计 ②车辆调度实训	

续表

任务序号 NO.	任务 tasks		子任务 sub-tasks	覆盖目标 covered objectives
T6	完成红日公司补货工作任务	T6-1	补货问题： ①超市应该在什么时间补货？ ②货架上面货物的数量如何确定？ ③仓库什么时间备货？备货的数量如何确定？ ④加盟店的补货信息如何获得？数量如何确定？物流过程怎样设计？ ⑤超市的补货工作应该如何启动？ ⑥超市补货设备的先进程度如何确定？ 配送中心的补货： ①假设有一个配送中心给宁波市范围内的小卖店配送食品，请简要设计你的补货思路 ②一个配送中心为城市里5个街道的50家小超市配送生鲜蔬菜，超市的蔬菜卖出盈利的20%给配送中心，例如蔬菜给超市的价格是10元，超市卖价20元，则配送中心得到2元利润，但是蔬菜的所有损耗由配送中心承担，那么你打算怎么给各个街道的小超市补货？ 退货： ①有如下5种商品，请设定你的退货条件：汽车、电视、自行车、运动服、牛奶 ②针对上题中的一种商品，设计一个退货的流程 退货问题： ①一个人拿着10盒过期的巧克力到超市要求赔偿，小票显示的购买日期是在产品过期以后，请问你作为超市的经理准备如何处理（按法律规定需要10倍赔偿）？ ②你是一个网上销售蔬菜的平台老板，那么你在什么情况下允许买家退货？	O1;O2; K5;S4; S5;A1; A2;A3; A4;A5
		T6-2	项目： 红日配送中心补货训练	

续表

任务序号 NO.	任务 tasks		子任务 sub-tasks	覆盖目标 covered objectives
T7	完成红日企业的绩效评价体系的简单策划	T7-1	问题： ①请你说说身边的绩效问题 ②田忌赛马、龟兔赛跑有绩效问题吗？	O1；O2； K6；S6； A1；A2； A3；A4；A5
		T7-2	案例： ①学习与学习结果是如何对应的？ ②猴群的绩效问题案例 ③评价与绩效之间的关系	
		T7-3	项目： ①建立一个订单处理绩效评价指标体系 ②绩效辩论赛——过程和结果哪个更重要	

注：本表格中的"覆盖目标"只需填写表4.11—表4.14中的编号。
（可根据具体情况增减表格行）

③任务情境设计（scenarios）（如表4.17）。

表4.17

任务序号 NO.	情境描述 scenario
T1	你计划在一个小区附近开设一家桶装水配送中心，为小区范围内的居民提供桶装水配送服务，那么你将如何安排你的进程？

续表

任务序号 NO.	情境描述 scenario
T2	你所在的路通配送中心的情况如下：有很多客户来订请你送货，如果其中有部分客户的货物是需要冷藏的，那么你是不是要把这些订单放在一起？因为你需要尽量把需要冷藏的货物凑足一个冷藏车来运输，这样你的成本会降低。 那么问题又来了，冷藏货物是能凑一个冷藏车了，但是如果货物不是去一个地方的，那么你是不是要将订单再进一步处理，把同一个去向的冷藏货物的订单放在一起处理？ 进一步的问题又来了——你是先按照货物去向把订单分出来，然后再从分出来的订单里面找出冷藏要求的订单，还是先把冷藏要求的订单先找出来，再把冷藏要求的订单分为不同的去向呢？ 如果我们用计算机处理订单，那么你在编写计算机程序的时候要给一个规则，这样计算机就会按照你的要求顺序处理订单了。
T3	随着发展，业务也越来越繁杂，出现了一系列的问题，比如拣货方法安排不恰当导致拣货速度降低、分区不合理造成路线交叉及忙闲不均等，你可以采取哪些方法去改变呢？
T4	现在想拓展业务内容，其中一项是准备流通加工业务。那么你必须准备一些加工设备，买什么设备呢？你现在招聘了一批业务拓展人员，准备给业务员一个项目培训，培训的内容包括项目的前景展望、项目的实施步骤（客户开发和项目开展方法等）、项目参与人员的个人收益等内容。请你做一个培训的纲要，把你的工作思路讲给业务员听。 你认为一个配送企业在什么情况下会决定开展流通加工业务？
T5	你所在的路通配送中心在送货过程中遇到很多问题，如有些送货点的货很少，送货成本高；配送中心的车辆有时候空闲，但是有时候又不够用。你能想办法解决这些问题吗？
T6	一个配送中心为城市里5个街道的50家小超市配送生鲜蔬菜，超市的蔬菜卖出盈利的20%给配送中心。例如蔬菜给超市的价格是10元，超市卖价20元，则配送中心得到2元利润，但是蔬菜的所有损耗由配送中心承担，那么你打算怎么给各个街道的小超市补货？ 一个人拿着10盒过期的巧克力到超市要求赔偿，小票显示的购买日期是在产品过期以后，请问你作为超市的经理准备如何处理（按法律规定需要10倍赔偿）？ 你是一个网上销售蔬菜平台的老板，那么你在什么情况下允许买家退货？

续表

任务序号 NO.	情境描述 scenario
T7	1. 订单处理部基本情况 　　宁波隆兴公司订单处理部负责从接到客户订单开始到着手准备拣货之间的整个作业阶段工作。 　　工作流程：订单接收—确认—分类—档案维护—订单录入—存货查询—分配—拣/送货单打印。 　　人员组成：主管小王；单证操作小刘、小邱。 　　工作方式：每票订单从接单到打印拣货单由接单人全程负责完成。 2. 对订单处理部的投诉 　　公司沈总多次接到内、外部客户针对订单处理部的投诉。 　　有客户抱怨经常出现延迟送货现象，虽然反映了多次，每次接单人员都承诺会准时交货，情况却没有改观，有时造成客户门店正常营业时间断货；有时下班后送达，需要员工加班接收；有一次客户紧急下单，等来的却是第二天订单部通知缺货，询问要不要替代品。 　　市场部经理反映，花了九牛二虎之力开发某大客户，其每月对A商品的需求接近本公司该商品配送总量的1/3，但近期A商品紧俏，订单部配货时坚持订单先到先配、一视同仁，该客户订单已遭遇数次缺货回复，非常不满，有终止合作的意向。 　　拣货人员反映，拣货单指定储位时常发现单货名称不符，或者货物数量不足，需要逐一核对、四处查找，严重影响了拣货效率与准确性。 　　送货人员反映，送货单上屡次发生地址不符、电话号码缺位等低级错误，造成货物误送、迟送、联系不到接收客户等现象。 　　内部员工、外部客户都有反映，订单处理部这两位女生性情急躁、语气生硬，有时不等人说完就挂电话，服务态度很不好。 3. 订单处理部的委屈 　　沈总找订单处理部主管小王谈话，反馈各方投诉情况，要求做出解释。小王感到十分委屈，认为本部门员工一直以来工作很努力，上班一直忙不停，经常加班加点，由于人手有限，一般小灾小病都坚守岗位，没想到竟得到各方如此评价。 　　小王认为，送货延误涉及一系列环节的原因，怎么能算在订单处理部头上呢？造成缺货是存货管理的事，与订单处理部无关；配货理应先到先配，体现秩序与公平；最不愿意接受市场部或其他领导招呼的紧急插单，一道道流程操作下来，没个把小时完不成，其他订单工作只能搁置一边，有时急单处理完毕其他部门已经下班，白忙一场；至于拣货单指定储位拣不到货或拣不足货，也有可能是存货信息有误；每天要处理如此多的订单，每个人都忙得团团转，难免出些小差错；最头疼的是办公室电话响不停，经常因接电话而中断手头工作，严重影响工作效率，语速快了还被人误认为态度不好；小王最后提出，本部门至少需要增加两名单证处理人员。 　　怎样才能解决这些问题，提高作业绩效？请根据以上问题，结合配送中心绩效考核指标，建立绩效考核主要指标体系。

（可根据具体情况增减表格行）

(7) 课程进度表(course schedule)(如表 4.18)。

表 4.18

序号 NO.	周次 week	学时 periods	单元标题 unit title	任务序号 sequence number of the task	覆盖目标 covered objectives
1	1	3	认知配送	T1	O1;K1;A1;A2;A3;A4;A5
2	2	3	认知配送与配送中心	T1	O1;K1;A1;A2;A3;A4;A5
3	3	3	确认订单	T2	O1;O2;K2;S1;A1;A2;A3;A4;A5
4	4	3	优化订单处理流程	T2	O1;O2;K2;S1;A1;A2;A3;A4;A5
5	5	3	拣货作业	T3	O1;O2;K3;S2;A1;A2;A3;A4;A5
6	6、7	3	拣货作业策略应用	T3	O1;O2;K3;S2;A1;A2;A3;A4;A5
7	8	3	流通加工的应用	T4	O1;O2;K4;S2;A1;A2;A3;A4;A5
8	9	3	优化设计配送线路	T5	O1;O2;K5;S4;A1;A2;A3;A4;A5
9	10	3	车辆调度	T5	O1;O2;K5;S4;A1;A2;A3;A4;A5
10	11	3	补货和退货作业	T6	O1;O2;K5;S4;S5;A1;A2;A3;A4;A5
11	12	6	补货实训	T6	O1;O2;K5;S4;S5;A1;A2;A3;A4;A5

续表

序号 NO.	周次 week	学时 periods	单元标题 unit title	任务序号 sequence number of the task	覆盖目标 covered objectives
12	12、13	3	绩效指标体系构建	T7	O1;O2;K6;S6;A1;A2;A3;A4;A5
13	14	3	配送作业绩效评价指标体系	T7	O1;O2;K6;S6;A1;A2;A3;A4;A5
14	15	3	绩效辩论赛	综合	综合
15	16	3	机动		

注:本表格中的"覆盖目标"只需填写在第四部分已确定的学习目标的编号。
(可根据具体情况增减表格行)

(8)考核方案(assessment plan)。

"配送作业管理"是物流管理专业的核心课程,也是物流资源库建设的课程,该课程有较多的资源可以提供给学生自学,网络课程可以让学生提前预习下次课的内容,也可以让学生在网上做作业。本课程的教学过程中需要大量的讨论和思考,所以要求学生积极参与。课程教学过程中还有较多的技能项目训练,学生的训练结果也是考核的重要依据。考核表设计如表4.19。

表4.19

项目		考评内容	比例
过程性评价(60%)	考勤	到课情况	5%
	课堂互动	发言情况	10%
	网上资源浏览	资源库网站浏览	20%
	作业		15%
	平时测验		10%
终结性评价(40%)		期末闭卷考试	40%

具体考核评分要求及评分标准如下。

①过程性考核(60%)。

A. 考勤(5%)。

全勤 5 分,旷课 1 次扣 2 分,迟到或早退 1 次扣 1 分,上不封顶。

B. 课堂发言情况(10%)。

分个人发言、小组课堂讨论后发言以及小组项目作业汇报三部分内容。

个人发言:上课过程中随机发言的,从次数和质量两个方面评分,质量分为 A、B、C、D 四等,最后评分参考值分别为 90、80、70 和 60,三个下一级分数折算一个上一级分数,两个折算为上一级的中间值分数,最后发言的分数以最终折算分数为准。

汇报的分数计算与个人发言计算相同,如果是小组汇报,汇报人的分数在小组分数的基础上上浮 20% 作为个人分数。

评分标准由教师或者学生评分代表评定,评分从语言表达、内容准确、态度等方面考量。

C. 网上资源浏览学习(20%)。

完成教师布置的资源库网站上资源的浏览。

D. 个人作业(15%)。

要求每位学生准备练习簿,教师根据学生作业完成情况进行批改,每次以百分制计分,学期结束后折算,资源库平台留作业的在网上批改。

E. 平时测验(10%)。

②终结性考核(40%)。

采取闭卷测试形式,题型以选择题、判断题、计算题和分析题为主,重点是对分析问题和解决问题能力的考核,考试没有复习范围。

(9)教法与学法(teaching and learning approaches)。

为适应培养创新型高素质技术技能人才的目标需要,在教学过程中,非常重视理论与实践的结合,注重培养学生运用经济学理论观察、分析和解决现实经济问题和经济现象的能力。同时针对高职学生特点,课程主要结合学生今后岗位工作中需要重点把握的通用能力和专业能力,将课堂教学的重点放到态度目标以及关键专业知识和能力目标的训练,理论以够用为主,强调应用分析,贯彻"理实一体、做中学"的教学理念。

①本课程采用的主要教法。

A. 案例教学法。

案例教学法是经济学课程的经典教学方法,这个方法运用到高职院校的经济学课程教学中时不能机械地套用,应注意以下几点:

a. 案例的选用。

经济学可以借鉴的案例很多,有传统经典案例,也有随时通过网络和期刊获得的案例。不是所有案例学生都会喜欢听并参与讨论分析,有时候案例选取过于平淡或者远离学生生活,课堂气氛无法达到活跃要求。故案例选用要尽量贴近生活,选择既有趣又能说明问题的,尽可能直接选用最新的、对学生胃口的敏感话题或者重点时事案例。

b. 案例在教学中出现的位置。

同样是使用案例,案例在教学过程中出现的方式也会影响课堂授课效果。传统案例教学法基本是教师先讲理论然后通过案例进行分析,这样先学后做的教学方法在高职课堂教学中的教学效果是比较差的。案例教学也要采用"做中学"理念,通过通俗易懂的案例引导学生用常识去分析,在此基础上发现内在规律,探讨相关理论知识,然后再通过相对综合型案例来巩固补充。

c. 注意案例教学和其他教学方法的综合运用。

案例、讲授、讨论教学不是经济学仅有的可以使用的教学方法,要注意将多种新型教学方法综合运用于经济学课堂教学。

B. 行动导向、任务驱动法(项目教学)。

本课程周课时2,总学时30,与传统经济学课程教学学时比较起来缩减至少一半。既要求学生掌握一定经济学理论知识,同时又要求学生具备一定的分析能力,如果按照传统的内容和教法是根本完不成任务的。面对这种情况,主要的举措是对理论知识进行梳理,抓住关键点的同时,课内和课外两个项目并进。课内以相对简单的"学院'十足'超市的微观经济调查分析"贯穿全课,课外以相对复杂的"网商平台某服装店的市场调查分析"组织学生在课后分组独立完成,让学生自主选择一家自己感兴趣的网商平台服装店,配合经济学教学进程,依据一定逻辑关系完成项目任务。整个项目实施过程都在课外完成,每一阶段都安排阶段汇报总结,整个项目结束时提交分析报告以及汇报总结。在完成任务过程中训练学生团队合作、沟通、自主学习能力。

本课程选择的学生背景实践岗位:某服装公司市场部。

本课程没有直接与专业完全对应的实践岗位,2005年本课程在参与职教能力测评中设计的课外项目是大学生创业街店面或学校周边店面调查,这次原本课程设计想要跟专业紧密对接,考虑设计一个物流公司的调研分析,但受条件限制,企业部分数据资料需要保密,不能公开,所以退而求其次,选择一家网店进行调查。一方面学生熟悉网店,对网店经营也有兴趣,同时网店数据获得也相对容易。故从现有教学条件出发,在情境设计中把学生放在某服装公司市场部完成对网商平台一家服装店的微观市场调研分析。同学们分团队(4—6人)自主选择一家网商平台服装店,然后依据经济学所对应的理论知识和分析逻辑完成对一家服装网店的微观市场调研分析。

每一个分析环节的典型工作流程为:明确工作目标和方法→获取相关信息(主要以网络资源为主)→对资料进行整理→结合经济学原理对搜集到的资料进行分析→得出客观分析结论。

C. 除以上两个教学方法之外再补充模拟情境教学、讲授教学、研讨教学、网络在线指导(通过 BB 平台、QQ 群)教学等方法。

②本课程采用的主要学法。

A. 探究式学习。

课堂教师讲解后,需要学生参与到讨论之中。学生需要通过课后学习、小组探究完成规定任务并广泛思考。学生需要积极探索,创新发挥,自己寻找身边的经济现象,借助身边的经济现象分析配送问题。

B. 互动式学习。

所有涉及小组完成的任务都需要小组成员之间开展互动式学习,互动是交流获得更多灵感的主要形式。

C. 自主学习。

由于教学形式的改变,教师对基本概念等的讲解很少,需要学生自己在课余时间自主学习,概要掌握课程相关的知识,在课堂上通过教师的引导,深入理解这些知识。

(10)教学资源(learning resources)。

①教材。

本课程采用十二五规划教材《配送作业管理》,沈文天主编,高等教育出版社,2012 年 4 月第 1 版。

②参考材料。

《物流配送管理》,夏文汇,西南财经大学出版社。

《供应链管理与控制》,王道平,北京大学出版社。

《精益制造 009:库存管理》,小林俊逸,东方出版社。

《企业物流管理:供应链的规划组织和控制》,Ronald H. Ballou,机械工业出版社。

③参考网站。

物流资源库网站上面与本课程相关的资源(http://www.icve.com.cn/)。

浙江芝麻开门供应链管理有限公司官网(http://www.zmkmex.com/)。

德邦物流官网(http://anfuke.cn/index.asp.htm)。

百世物流网(http://www.800best.com/)。

(11) 风险分析与应对措施(risks and countermeasures)。

请在表4.20中至少列举5项在教学过程中可能出现的影响人身安全及健康的风险因素。风险等级为:1(不可能发生),2(不是很可能发生),3(可能发生),4(很可能发生),5(极其可能发生)。

表 4.20

序号 NO.	风险描述 risk description	风险等级 risk level	应对措施 countermeasure	责任人 responsible person
1	电源漏电	3	及时断电,申请维修	
2	失火	2	及时疏散学生	
3	下课拥挤	2	加强平时对学生的提示	
4	地震	2	按照风险防范措施执行	
5	极端寒冷或者炎热	2	采取保温或者降温措施	

(可根据具体情况增减表格行)

5. 课程单元设计的编写

课程单元设计是在整体设计的基础上,具体详细地规划设计每一次课的教学文件,其特点是具有可操作性。以下是一个课程单元设计样例。

表 4.21

课程单元设计 unit delivery plan			
授课教师		所在部门 department	
课程名称 course title	配送作业管理	授课日期 date	
单元标题 unit title	补货作业训练	单元序号 sequence number of unit	10

续表

课程单元设计
unit delivery plan

授课地点 venue	E503	授课班级 class	物流3163	课时 periods	48
知识目标 knowledge objectives	K1	掌握补货的概念			
	K2	掌握补货时机			
技能目标 skill objectives	S1	能够根据拣货安排补货			
	S2	能够把握补货时机			
态度目标 attitude objectives	A1	守时,尊重他人			
	A2	善于沟通与合作			
	A3	学会自主学习			
	A4	能够在不同场合发表观点,充分的表达能力			
	A5	主动综合思维			
重点及措施 key points and instructional strategies	补货时机,以实训的方式训练				
难点及措施 difficult points and instructional strategies	将拣货和补货连接,以实训的方式训练				
教学资源 teaching resources	资源库资源				
形成性考核 formative assessment	出勤、参与度、成果质量				
课后作业 homework	书后习题				

表 4.22

教学过程
delivery process

预计时间 duration	教学内容 content	教学活动 activity	教学资源 resources	覆盖目标 covered objectives
5 分钟		上次课回顾		
40 分钟	补货方法的训练任务	从最简单的补货过程入手,让学生逐步进入补货情景所描述的工作状态,掌握基本的方法: 1. 单流水线的补货问题:学生自己动手做一部分,教师讲解一部分(20 分钟) 2. 学生完成结果的展示及讲解(20 分钟) 教师在本部分需要引导学生思考,充分地讲解,让学生有能力做后面的训练	物流资源库资源、网上资源、图书资源等	O1;O2;K5;S4;S5;A1;A2;A3;A4;A5
70 分钟	补货	补货的实训: 理论介绍:从补货的概念引出补货的重要性、补货的基本原则等: 1. 双流水线的补货实训:教师引导下学生的操作补货项目(15 分钟) 2. 学生作品展示及讲解(10 分钟) 3. 教师提供一个答案,与学生的进行对比,在分析中找到补货的规律(10 分钟) 4. 教师阶段性总结(5 分钟) 5. 提供一个更为复杂的拣货补货项目,学生参照上一个训练,小组讨论完成补货方案。学生需要自己发挥创造性思维,发现补货的不同方法,形成自己的方法(20 分钟) 6. 小结并提供一个答案(10 分钟) 最后的训练项目的完成方法尽量让学生自己创设,尽量让他们找到不同的补货规律		

续表

教学过程 delivery process				
预计时间 duration	教学内容 content	教学活动 activity	教学资源 resources	覆盖目标 covered objectives
5分钟		学生课堂完成作品的上交 作业布置		

课后自我反思 after-class self-reflection	
结果 effect	取得了预期的效果,学生能够完成预期任务,掌握理论内容
不足 shortcomings	难度还可以进一步降低
改进措施 improvement measures	增加实训设施,通过动手来了解工作过程更容易一些

6. 课件及教案

随着信息化水平的提高,目前学校更重视 PPT 课件制作及信息化手段的运用,对教案的关注度普遍降低。一般来讲,教师的单元设计是一个教学过程的框架构思,具体实施还有很多细节,这些细节以往都在教案中体现,但是随着 PPT 的流行,目前很多学校已经不要求教师提交教案。这个问题可以这样理解,如果教案的内容能在 PPT 和单元设计中充分体现,那么就可以不用另外写教案。如果 PPT 只是讲课的信息片段,单元设计又没有授课的过程细节说明,教案就有存在的必要性。

(二)课程资源需求分析

1. 知识树构建

一门课程究竟需要哪些资源,用什么样的资源去表现知识点和技能点,在课程资源建设之初需要一个全面的规划。目前比较流行的规划方法是采用知识树来表现规划内容,有用图形形式的,也有用表格形式的,以下是一个知识树的两个样例(如图4.8,表4.23)。

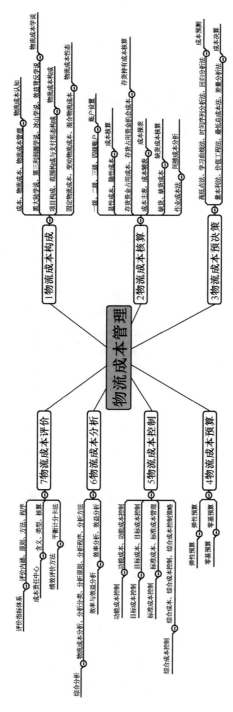

图4.8 物流成本管理知识树图例

表 4.23 配送作业认知知识树(表格形式)

能力模块	工作任务(小项目、小任务、按照步骤设计)	技能要求	知识点(与技能所对应的知识)	知识的表现形式(动画、视频、图、案例等)
配送作业认知	配送基本工作任务认知	能够理解配送的含义,识别不同的配送类型,认识配送工作的基本环节	配送的概念	PST010101 配送的概念:在经济合理区域范围内,根据客户的要求,对物品进行拣选、加工、包装、分割、组配等作业,并按时送达指定地点的物流活动。
				PSS010101 配送全过程原创视频录像(以配送中心作为录制对象) 摄制要求:选择一家典型的配送中心(超市的配送中心可以作为摄制对象),从货物入库开始到订单处理、货物拣选、加工、补货、退货、送货全过程录像。摄制不是表面的宏观影像,而是每个环节细节的记录,如订单处理部分应该有单据的具体内容的摄制、拣选部分需要摄制每个动作的过程。录像总时间:1 小时。
				PSD010101 配送过程:很多载有面包、猪肉、洗发水等产品的车从不同的方向汇聚到一个点,这个点是一个方形的区域,这些货物到方形区域后,出现字幕"拣选、加工、包装、分割、组配"。之后货物从这个区域出来,每个车上有多种货物,分别驶向不同的方向。
				PSA010101 一个案例:管中窥豹看配送 　　幸福街道有 15 个小区,约 1 万户人家。因为很多人家都饮用桶装水,因此需要送水。刘先生在与多家桶装水生产厂家沟通后,对该小区的整体情况做了概要调查,结果是该街道每周需要桶装水 7 000 桶左右,用水的品牌不是很稳定。同时由于桶装水整体的质量问题使得部分以前饮用桶

续表

能力模块	工作任务(小项目、小任务、按照步骤设计)	技能要求	知识点(与技能所对应的知识)	知识的表现形式(动画、视频、图、案例等)
配送作业认知	配送基本工作任务认知	能够理解配送的含义,识别不同的配送类型,认识配送工作的基本环节	配送的概念	装水的用户停止购买。这个街道还没有桶装水的配送点,水都是远处的一家大公司提供配送服务。刘先生认为应该在合适的位置开设一家配送中心配送桶装水。于是他注册了一家配送中心,设置在街道靠近中间位置、车辆进出比较方便的一个街面房内,暂时的唯一业务就是送水,水的品牌包括:农夫山泉桶装水、乐百氏桶装水、怡宝桶装水、雀巢桶装水、娃哈哈桶装水、康师傅桶装水、景田桶装水、益力桶装水、屈臣氏桶装水、鼎湖山泉桶装水、冰露桶装水、燕京桶装水、正广和桶装水、洞庭山桶装水。随着业务的逐步开展,出现了两个比较难解决的问题,首先是用户问题,因为刘先生送的水价格普遍比较高,有很多用户不能接受,销售量受到一定的影响;其次是要水的电话来得很没有规律,有很多时候为了送一桶水跑很远的路。对于前一个问题,刘先生知道需要借助于制造水的公司的宣传,同时自己采取一些促销手段来解决。对于后一个问题,他经过多方咨询和自己的独立思考,采取了如下方法:①开展调查,搞清楚每户用水人家的人口数量,了解他们用一桶水大概要多少天,然后为每户免费提供更换的备用水桶。之后通过自己的推算,预先可以知道哪些人家的水快喝完了,就可以按照自己的安排来有规律地送水,既保证了用户喝的水是新鲜的,又可以降低自己的送货成本。对于临时的电话订水用户,可以将他们所要的水与预先安排好送的水放在一起送出去。这一方案实施后,公司盈利额明

续表

能力模块	工作任务(小项目、小任务、按照步骤设计)	技能要求	知识点(与技能所对应的知识)	知识的表现形式(动画、视频、图、案例等)
配送作业认知	配送基本工作任务认知	能够理解配送的含义,识别不同的配送类型,认识配送工作的基本环节	配送的概念	显增加。②用科学的方法规划送货的路线。为此刘先生对该街道的路进行了仔细的研究,对每一条路的车流高峰时间做了详细的记录。之后请了一个软件专家为自己制作了一个小软件,可以根据具体的送货任务规划送货的路线。这样一来,送货的成本进一步降低了。问题:刘先生为什么有利可图?他还可以采取哪些方法增加自己的收入?
			集货	PST010102 集货,即将分散的或小批量的物品集中起来,以便进行运输、配送的作业——绘制一个表现图。
			拣选的概念	PSD010102 拣选概念:按订单或出库单的要求,从储存场所选出物品,并放置到指定地点的作业。 动画描述:一个人手持出库单,到各种各样的货物群里面选择出库单中的货物并且放置在手推车中的篮子里,再送到出货区。
			配货	PST010103 使用各种拣选设备和传输装置,将存放的物品,按客户要求分拣出来,配备齐全,送入指定发货地点——绘制一个表现图。

续表

能力模块	工作任务(小项目、小任务、按照步骤设计)	技能要求	知识点(与技能所对应的知识)	知识的表现形式(动画、视频、图、案例等)
配送作业认知	配送基本工作任务认知	能够理解配送的含义，识别不同的配送类型，认识配送工作的基本环节	流通加工的概念	PSA010102 流通加工的概念：国家标准(GB/T 18354—2001)将流通加工定义为：物品在从生产地到使用地的过程中，根据需要施加包装、分割、计量、分拣、组装、价格贴付、标签贴付、商品检验等简单作业的总和。 案例描述：××物流公司是一家从事配送的公司。公司的业务主要是为客户配送货物，随着业务的逐步展开，客户的要求也越来越多。很多客户希望将一些简单的流通过程中的加工工作交给公司来做。开始的时候是替客户拴标签、刷标志灯，逐渐发展成为接受包装、分割、计量、组装等工作。公司为此专门开辟了一个工作区作为加工区。通过这些业务的开展，公司的盈利明显增加。
				PSD010103 流通加工动画：描述一个场景，说明客户要求流通加工，比如拴标签。 动画描述：一个人手持一个小盒装的产品，对一位配送中心的业务经理说："我这个产品在出运前需要贴上一个绿色标志，你们公司是否可以代劳啊?"配送中心的业务经理回答："我们公司一直在做这类业务，这是流通加工的一种，很感谢您对我们的信任。"

续表

能力模块	工作任务(小项目、小任务、按照步骤设计)	技能要求	知识点(与技能所对应的知识)	知识的表现形式(动画、视频、图、案例等)
配送作业认知	配送基本工作任务认知	能够理解配送的含义，识别不同的配送类型，认识配送工作的基本环节	包装的概念	PSA010103 包装的概念：为在流通过程中保护产品、方便储运、促进销售，按一定技术而采用的容器、材料及辅助物等的总体名称，也指为了达到上述目的而在采用容器、材料和辅助物的过程中施加一定技术方法等的操作活动。 案例描述：××米业有限公司是黑龙江省鸡西市一家经销东北大米的公司，每年有1万吨的大米发往全国各地。以前公司都是在公司内将大米装袋后再运出，但是也出现了一些问题。首先是运输费用比较高，装袋后的大米运输过程中的运费、装卸费偏高。其次是不同地区不同包装的大米的销量有很大差异，导致部分地区缺货，部分地区库存增加。所以，公司决定改变方式，将大米散装运输到各地，再由各地分级包装成不同分量，取得了很好的效果。
			组配的概念	PSA010104 配送前，根据物品的流量、流向及运输工具的载质量和容积，组织安排物品装载的作业。 案例描述：某配送中心的出货区有如下货物。水果10箱，箱尺寸是40 cm×40 cm×40 cm，方便面100箱，箱尺寸是50 cm×60 cm×50 cm，食用油100箱，箱尺寸是30 cm×30 cm×30 cm。如果现在需要将这些货物送到一条配送路线上的两个客户处，需要如何装载配送车辆？已知配送车辆的尺寸为2 m×4 m×1.5 m，两个客户需要的货物分别为以上货物的一半。

续表

能力模块	工作任务(小项目、小任务、按照步骤设计)	技能要求	知识点(与技能所对应的知识)	知识的表现形式(动画、视频、图、案例等)
配送作业认知	配送基本工作任务认知	能够理解配送的含义,识别不同的配送类型,认识配送工作的基本环节	少品种大批量配送	PSD010104 适用于需要数量较大的商品,单独一种或少数品种就可以达到较大运输量,可实行整车运输,如煤炭等。 动画描述:画面出现很大一堆煤,旁边是一辆辆大卡车,依次装满后出发。
			多品种少批量配送	PSD010105 按用户要求,将所需的各种商品(每种商品需要量不大)配备齐全,凑成整车后由配送中心送达用户手中。日用商品的配送多采用这种方式。 动画描述:地面上放着很多种货物,品种多而每一种货物的数量少,之后货物的品种和数量都在增加,再装上车,正好一车装满,车子出发。
			定时配送	PSA010105 按规定的时间间隔进行配送,配送品种和数量可根据用户的要求有所不同。 案例描述:××配送是一家为制造业提供材料配送的公司,因为企业的运行要求精密,货物必须在规定的时间送达,迟延意味着生产中断。因此公司采用日配的方式为制造业提供服务,大体上是,上午的配送订货,下午送达;下午的配送订货,第二天早上送达。这样就可以使用户获得在实际需要的前半天得到送货服务的保障,保证了客户生产的平稳,使客户满意度处于比较高的水平。

续表

能力模块	工作任务(小项目、小任务,按照步骤设计)	技能要求	知识点(与技能所对应的知识)	知识的表现形式(动画、视频、图、案例等)
配送作业认知	配送基本工作任务认知	能够理解配送的含义,识别不同的配送类型,认识配送工作的基本环节	定时配送	PSD010106 定时配送。 动画描述:一个送货的人和一辆送货车停在很多货物旁边,后面的墙面上有一个挂钟,挂钟的时间每过4个小时,就有货物被装上车,这个人和车驶向一个固定的点将货物卸下。
			定量配送	PSA010106 按规定的批量进行配送,但不严格确定时间,只是规定在一个指定的时间范围内配送。这种配送计划性强,备货工作简单,配送成本较低。 案例描述:××配送公司是一家综合性配送公司,为周边的制造业、商业客户提供配送服务。因为有部分客户对送货时间的要求不是很严格,因此公司决定针对这部分客户采取定量配送的方式。这样操作使得送货数量固定,备货工作较为简单,可以根据托盘、集装箱及车辆的装载能力规定配送的定量,能够有效利用托盘、集装箱等集装方式,也可做到整车配送,配送效率较高。对于用户来讲,每次接货都处理同等数量的货物,有利于人力、物力的准备工作。如此,既满足了客户的需求,又保持了较高的服务水平。 PSD010107 定量配送。 动画描述:一个送货的人和一辆送货车停在很多货物旁边,后面的墙面上有一个挂钟。每过一天,在不确定的时间车子被装满,货物被送到一个点将货物卸下。

续表

能力模块	工作任务(小项目、小任务、按照步骤设计)	技能要求	知识点(与技能所对应的知识)	知识的表现形式(动画、视频、图、案例等)
配送作业认知	配送基本工作任务认知	能够理解配送的含义,识别不同的配送类型,认识配送工作的基本环节	定时定量配送	PSA010107 按规定的准确时间和固定的配送数量进行配送。 案例描述:××配送公司是一家为汽车、家电及机电产品制造商提供材料配送的物流服务商。随着服务的开展,定时定量配送的需求越来越多,但是因为定时定量配送兼有定时配送和定量配送两种方式的特点,对配送企业的要求比较严格,管理和作业的难度较大,因此公司对该方式的使用一直比较谨慎。经过调研和自身能力的评估,公司认为,本公司的客户特点适合开展这种配送方式,因此积极地与客户协商签订了协议,依据协议,采用看板方式来确定配送的时间和数量,取得了良好的效果。
			即时配送	PSA010108 不预先确定不变的配送数量,也不预先确定不变的配送时间及配送路线,而是按用户要求时间、数量进行配送。 案例描述:××配送是一家从事电子产品配送的物流服务商,为手机店提供手机等电子产品配送是其主要的业务。因为这类产品的价格变化较快,客户往往只留很少的库存或者采取零库存策略,因此,配送的时间和数量要求非常不确定。公司经常因为客户的临时插单而影响正常的工作程序。为了解决这一问题,公司开发了一套实用的软件来处理订单,安排配送工作。经过努力,公司目前已经能够应对这种预先不确定时间、数量及送货路线的订单,成为配送的先进企业。

续表

能力模块	工作任务(小项目、小任务、按照步骤设计)	技能要求	知识点(与技能所对应的知识)	知识的表现形式(动画、视频、图、案例等)
配送作业认知	配送基本工作任务认知	能够理解配送的含义，识别不同的配送类型，认识配送工作的基本环节	集中配送	PSD010108 就是由专门从事配送业务的配送中心对多个用户开展配送业务。集中配送的品种多、数量大，一次可同时对同一线路中几家用户进行配送，其配送的经济效益明显，是配送的主要形式。 动画描述：显示一个配送中心的全景，有大量的不同品种的货物进入中心。然后一辆辆汽车，载满各种各样的货物经过很多家商店的门口，每到一家卸下一部分货物，最终返回到中心。
			共同配送	PSD010109 共同配送。 动画描述：显示5家配送中心各自接到一部分要送到上海的货物，这5家的货物装在一起正好是一满车，车子开向上海。
			分散配送	PSA010109 是由商业零售网点对小量、零星商品或临时需要的商品进行的配送业务。这种配送适合于近距离、多品种、少批量的商品的配送。 ××配送公司坐落在一个服装零售网点附近，市场中的很多商户经常会临时要求送几件货物到附近的一些地方，因为距离比较近，商品数量也比较少，公司安排起来并不十分困难。因此，公司专门为这类要求配备了两个员工，同时配了两辆电瓶车，技术地为客户提供服务，因为服务周到，带动了这些客户的其他大宗业务，促进了公司的发展。

续表

能力模块	工作任务(小项目、小任务、按照步骤设计)	技能要求	知识点(与技能所对应的知识)	知识的表现形式(动画、视频、图、案例等)
配送作业认知	配送基本工作任务认知	能够理解配送的含义,识别不同的配送类型,认识配送工作的基本环节	加工配送	PST010104 是指和流通加工相结合的配送。在配送中心进行必要的加工,这种将流通加工和配送一体化,使加工更有计划性,配送服务更趋完善。
			销售配送	PST010105 是指销售企业作为销售战略一环所进行的促销型配送。批发企业建立的配送中心多开展这项业务。批发企业通过配送中心把商品批发给各零售商店的同时,也可与生产企业联合,生产企业可委托配送中心储存商品,按厂家指定的时间、地点进行配送。
			供应配送	PST010106 是指为了自己的供应需求所采取的配送形式,是大型企业集团或连锁店中心为自己的零售店所开展的配送业务。它们通过自己的配送中心或与消费品配送中心联合进行配送,零售店与供方变为同一所有者的公司各部门内部的业务,从而减少了许多手续,缓和了许多业务矛盾,各零售店在订货、退货、增加经营品种上也得到更多的便利。
			销售与供应相结合的配送	PST010107 配送中心与生产厂家及企业集团签订合同,负责一些生产厂家的销售配送,又负责一些企业集团的供应配送。配送中心具有上连生产企业的销售配送、下连用户的供应配送两种职能,实现配送中心与生产企业及用户的联合。

续表

能力模块	工作任务(小项目、小任务、按照步骤设计)	技能要求	知识点(与技能所对应的知识)	知识的表现形式(动画、视频、图、案例等)
配送作业认知	配送基本工作任务认知	能够理解配送的含义，识别不同的配送类型，认识配送工作的基本环节	代存代供配送	PSA010111 ××配送是一家综合性配送中心，随着业务规模的不断扩大，资金不足的问题时有出现，致使部分生产能力闲置。经过与客户的沟通，公司开展代存代供业务。即商品所有权不发生转移，配送中心只是用户的代理人，商品在配送前后都属于用户所有。配送中心仅从代存、代理中获取收益。这项业务的开展不仅解决了资金不足的问题，还降低了货物贬值等风险，促进了公司的发展。

注：表格中编码含义为前两个字母PS代表"配送作业管理"课程，第三个字母，T代表图片，S代表视频，A代表案例，D代表动画，数字部分表示章节和资源序号，如010101表示第一章第一节第一个资源。

2. 资源需求合理性分析

不同的资源表现形式具有不同的功能，不同教学资源的制作价格不同，只有选择恰当的资源对应恰当的知识点和技能点，才能合理使用资金，达到最佳的效果。一般来讲，普通的概念使用图片加文字的形式基本可以讲解清楚，一门课主要的概念可以使用视频以加强概念的现实感，使用动画则可能是因为成本节省、视频表现困难等原因。以物流配送中摘果法和播种法为例，这两个方法可以用图片的形式表现，能力强的学生可以通过想象理解概念，否则就需要动画、视频等辅助理解。视频往往需要比较长的录制时间，后期视频剪辑也费时费力，这个时候就可以用动画来表现这两个概念。以下是几种表现形式的展现。

示意图形式(如图4.9，图4.10)：

演示动画形式：演示动画的优势在于它可以将概念抽象之后，再简要表现出来。很多时候，演示动画的表现能力超过视频，因为它比视频简练，更有全局的视野，主题更加突出。以下是摘果法的演示动画截图(如图4.11)。

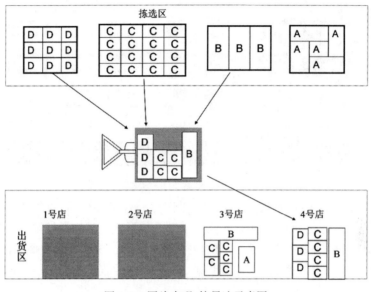

图 4.9 图片表现:摘果法示意图

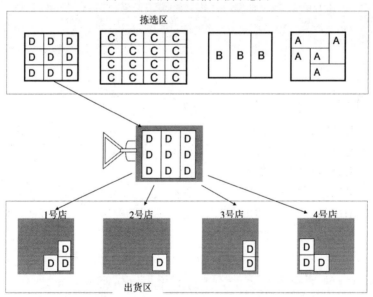

图 4.10 图片表现:播种法示意图

■物流管理职业教育教学资源库的构建

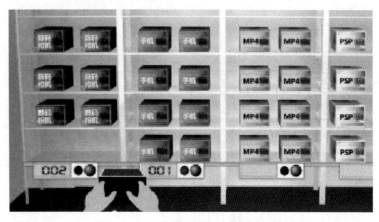

图 4.11　演示动画表现形式:摘果法操作

互动动画形式:如果想加强学生的操作感,使学生记忆更加深刻,同时学习到基本的操作过程,那么就可以采用互动动画的形式。学生通过填制单据,设定拣取方式,完成摘果法或者播种法的应用虚拟操作。以下是一个摘果法操作的截图,本操作可以在动画中填制单据,完成操作过程并得到评价分数(如图4.12)。

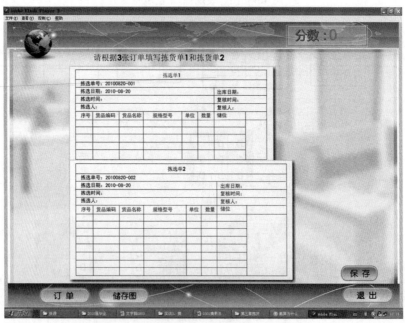

图 4.12　互动动画形式:摘果法过程操作

(三)课程动画资源的建设

1.知识讲解演示类动画资源制作

通过动画讲解知识的优势是能够把抽象的知识点进行简洁的讲述,每位教师针对一个知识点可以从不同的角度设计动画,不同的角度有利于学习者更快地理解知识。

(1)脚本设计。

知识讲解类动画如果不是教师本人操作软件,则需要写作脚本,将脚本交给技术人员制作。如果教师自己能够熟练操作动画制作软件,则简单的制作可不用写脚本。脚本的写作关键是教师能够正确理解知识点,并且能够比较通俗地说明知识。

以下是一个脚本实例:

送货作业计划动画脚本:首先出现一叠纸张上面显示"送货单"的字样,再出现一个身上写着"送货计划员"的小人接到了这叠送货单,小人开始思考并做出写写画画的动作,同时在小人的头上出现几个显示思考内容的小圈,分别是送货路线单、车辆调度表、装厢配载图的字样,然后这三个小圈合在一起变成"送货作业计划"。接下来小人点点头露出开心的表情,手持"送货作业计划"交给送货装卸人员小人,送货装卸人员小人先看车辆调度表把对应的货车开来,再拿着装厢配载图把货物装车。然后送货装卸人员小人拿出按送货路线单,依次到达若干客户后卸货、客户核对查验货物品种数量、客户的签收,完成此次送货任务回到配送中心后,送货装卸人员小人将客户签收的回单交到配送中心管理人员小人,最后出现"计划顺利完成了"的字样,并响起庆祝的音乐。

画面:多张"送货单"放置在桌上→"送货计划员"拿起送货单,脑袋上方出现一个问题,同时出现"送货作业计划应包括( )"的选择题,备选项为"送货路线单、车辆调度表、装厢配载图",学生打钩选择→产生一张送货作业计划→小人依据调度表开来小车→小人依据装箱配载图装货→小人依据送货路线送货→小人将签收回单交予第一个小人。最后出现"计划顺利完成了"的字样,并响起庆祝的音乐。

(2)制作过程。

如果是教师自己用动画软件制作,过程比较简单,教师根据自己的理解操作软件完成自己的设计意图即可。如果是教师写脚本,动画制作技术人员制作,则要经过这样的步骤:首先需要教师把要做的演示动画对应的概念进行讲解说明,让制作人员理解内容是重要的第一步;其次是向制作人员解释脚本,强调脚本中出现的场景次序,以及脚本和概念的对应关系;再次是制作人员与教师的反复交流与制作过程,直到制作出满意的作品。

2. 互动交互类动画脚本制作

互动类动画是能够用动画来模拟操作的动画类型,在一定程度上,这类动画可以替代技能的操作训练。对那些实训设备缺乏的学校来说,这类动画具有非常重要的意义。其脚本的设计重点是要用动画表现工作过程,工作过程的展示需要穿插操作环节,在操作的各个环节有通过计算机表现的动手操作过程,以下是一个脚本案例。

××××配送线路优化设计实训

实训目标:

①能根据给出的配送中心与单个客户之间的路线图及图中各节点之间的综合成本数值,找到配送中心与单个客户之间的成本最小路线并计算出此路线成本的数值。

②能够在配送中心现有送货车辆能力及实际送货成本限定的前提下,规划出配送中心往各个客户送货综合成本最低的送货网络路径图。

实训内容:

①某配送中心与某单个客户之间最低成本路线规划及最小成本数值计算。

②在配送中心现有车辆送货能力及车辆单趟送货成本有限定的前提下,为配送中心向多个客户送货规划若干条送货线路,并使各条线路的总成本最小。

情景描述:

①连锁超市的配送中心位于城市边缘的郊区,但超市的一家门店位于繁华的城市中心区,因此负责送货路线规划的计划调度员要规划出配送中心到这个门店的送货成本最低的路线。

②配送中心除为该门店送货外,还为其他地区的9个门店送货。计划调度员找到了配送中心至每个门店的成本最低线路,但该中心的送货资源有限,不能为每个门店单独送货,只能一辆车一趟为几个门店循环送货。因此,计划调度员需规划从配送中心出发为各门店循环送货后最终回到配送中心的送货路线图并且实现总送货成本最低。

操作步骤中的内容:

步骤一:规划配送中心对单个门店送货的最小成本线路。

步骤二:计算两两门店之间送货的可节约成本。

步骤三:编制节约里程排序表。

步骤四:规划和设计配送中心为10个门店送货的最优路线图。

关卡一:

开始画面相当于教师讲解的内容。

文字:连锁超市的配送中心位于城市边缘的郊区,但超市的一家门店位于繁华的城市中心区,最初按交通图所示里程最短的线路进行送货(出现图4.13的动画)。

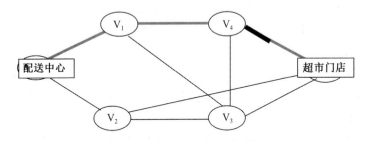

图4.13 配送中心配送网络图

展示动画:配送汽车从O点"配送中心"出发,沿绿色线(中粗线)行驶至黑色段(粗线)时,放大出现一座大桥显示收费,过收费站后,又发生严重塞车情况,当货品送至超市门店时配送已经严重超时。

出现文字:(文字按顺序一个个出现)配送主管很快发现里程最短并不意味着成本最低(突出显示此段文字)。因此计划调度员对每一条从配送中心到门店的线路都进行了实地考察记录,并综合考虑每条送货线路的里程、时间、车辆耗损,得出了每条线路每一路段的送货运行成本,汇总出了一张从配送中心到门店的送货路径数据图(放大出现图4.14,备注小文字)。如果您是配送中心的计划调度员(出现一名员工,即计划调度员,角色扮演),请依据此图和统计数据,找出配送中心与该门店之间送货成本最低路径。

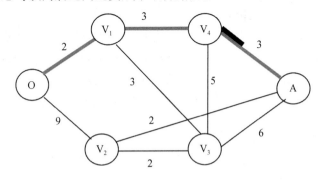

图4.14 配送网络路线图

备注小文字:配送中心与位于城中心门店之间的网络路线图,图中 O (闪烁)代表配送中心,A(闪烁)代表超市门店,V1—V4 代表要经过的关键节点(如主要道路的交叉路口、立体交叉互通枢纽等),连线边上的数值(闪烁)代表每一路段送货运行的最低成本值。

界面整体框架:

①下方有一个"配送网络路线图"按钮,鼠标放上后自动显示图 4.14;最右上方有个计时器,从学生点击实训开始计时,结束时停止,可以记录学生总使用时间。

②主界面分左右两部分,左边请参考上图画一幅俯视的交通图,展现真实场景(这个场景必须很漂亮);左边的动画画面可以大一些,右边的表格小一些。

③右边是表 4.24,红色部分(路径左侧各列的数字和字母)由学生自己来填写,当输入蓝色字(路径所在列的字母)后(解释:这个程序中只考虑蓝色部分的对与错,只要蓝色部分填对了,点击"行驶"按钮,左边的汽车启动,答案不对,出现文字"请您再考虑下吧",学生可以在原有基础上做修改,整行的数字都应该能修改,而不是只有蓝色的部分)。

④完成整个表格,汽车到达终点时,出现文字"恭喜您,本条路线是配送中心与该门店之间送货成本最低路线,总成本为 10"的字样。

出现动画:配送主管给调度员佩戴大红花表示奖励,并说:"下一阶段,我们的配送业务将增加到 10 个门店。有信心规划出一条送货路线总规划图吗?并且要实现总送货成本最低哦!"调度员说:"愿意接受挑战!"

表 4.24

步骤	已解节点	与该已解节点直接连接的未解节点	对应线路	对应总运行里程	最短路线距离	新增的已解节点	选中的路径
1	O	V_1	OV_1	3	3	V_1	OV_1 行驶
		V_2	OV_2	11			
2	O	V_2	OV_2	11	4	V_4	OV_1V_4 行驶
	V_1	V_3	OV_1V_3	10			
		V_4	OV_1V_4	4			

续表

步骤	已解节点	与该已解节点直接连接的未解节点	对应线路	对应总运行里程	最短路线距离	新增的已解节点	选中的路径
3	O	V_2	OV_2	11	7	V_3	$OV_1V_4V_3$ 行驶
	V_1	V_3	OV_1V_3	10			
	V_4	V_3	$OV_1V_4V_3$	7			
		A	OV_1V_4A	12			
4	O	V_2	OV_2	11	8	V_2	$OV_1V_4V_3V_2$ 行驶
	V_1	无	无	无			
	V_4	A	OV_1V_4A	12			
	V_3	V_2	$OV_1V_4V_3V_2$	8			
		A	$OV_1V_4V_3A$	11			
5	O	无	无	无	10	A	$OV_1V_4V_3V_2A$ 行驶
	V_1	无	无	无			
	V_4	A	OV_1V_4A	12			
	V_3	A	$OV_1V_4V_3A$	11			
	V_2	A	$OV_1V_4V_3V_2A$	10			

关卡二：

文字：配送中心除为该门店送货外,还为其他地区的 9 个门店送货,但配送中心的送货资源有限,不能为每个门店单独送货,只能一辆车一趟为几个门店循环送货。按照以上实训的方法,计划调度员找到了配送中心到每个门店的成本最低线路(出现图 4.14),及两两门店之间的成本最低线路并计算出了数值(出现图 4.15),如果您是配送中心的计划调度员(出现一名员工,角色扮演),请依据此图和统计数据,编制送货路线总规划图并且实现送货总成本最低。

出现送货的网络示意图(如图 4.15)。

备注：本网络示意图为配送中心向 10 个门店送货的初始方案。从配送中心分别向各个门店节点送货,共有 10 条送货路线(闪烁),总成本数为 148(线路边的所有数字闪烁)。

配送中心到各门店及两两门店之间的成本最低线路数值表(如表 4.25)。

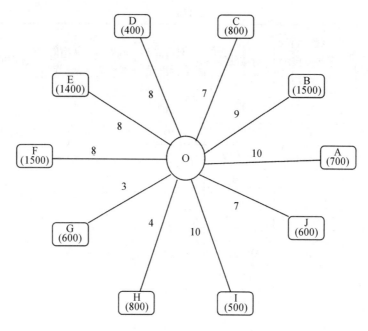

图 4.15　送货网络示意图

表 4.25

	0									
A	10	A								
B	9	4	B							
C	7	9	5	C						
D	8	14	10	5	D					
E	8	18	16	11	6	E				
F	8	18	18	15	13	7	F			
G	3	13	12	10	11	11	6	G		
H	4	14	13	11	12	12	8	2	H	
I	10	11	15	17	18	18	17	11	9	I
J	7	4	8	13	15	15	15	10	11	8

界面整体框架：

下方有一个"送货网络示意图"按钮，鼠标放上后自动显示图 4.15；最右上方有个计时器，一直在计时，和关卡一一样，时间一直在累加。

主界面，左边为表 4.26。

表 4.26

	0								
A	10	A							
B	9	4	B						
C	7	9	5	C					
D	8	14	10	5	D				
E	8	18	16	11	6	E			
F	8	18	18	15	13	7	F		
G	3	13	12	10	11	11	6	G	
H	4	14	13	11	12	12	8	2	H
I	10	11	15	17	13	13	17	11	9	I
J	7	4	8	13	15	15	15	10	11	8

主界面右边为根据左边数值表和节约法的基本原理计算出的两两门店之间的节约成本(如表4.27)。

表 4.27

	A								
B	15	B							
C	8	11	C						
D	4	7	10	D					
E	0	3	3	10	E				
F	0	0	0	3	9	F			
G	0	0	0	0	1	5	G		
H	0	0	0	0	0	4	5	H	
I	9	4	0	0	0	1	2	5	I
J	13	8	1	0	0	0	0	0	9	J

必须是学生填完所有数字后,再与正确答案进行对比,显示错误的地方,可以允许学生进行修改,修改三次后出现正确答案,不要填错一个显示一个。

关卡三:

主界面左边为表4.28。

表 4.28

	A									
B	15	B								
C	8	11	C							
D	4	7	10	D						
E	0	3	3	10	E					
F	0	0	0	3	9	F				
G	0	0	0	0	1	5	G			
H	0	0	0	0	0	4	5	H		
I	9	0	0	0	0	1	2	5	I	
J	13	8	1	0	0	0	0	0	9	J

右边为文字：根据左边两两门店之间的节约成本计算结果，按节约成本大小顺序排列在表 4.29 中

表 4.29

序号	连接点	节约里程/km	序号	连接点	节约里程/km
1	A—B	15	13	F—G	5
2	A—J	13	13	G—H	5
3	B—C	11	13	H—I	5
4	C—D	10	16	A—D	4
4	D—E	10	16	B—I	4
6	A—I	9	16	F—H	4
6	E—F	9	19	B—E	3
6	I—J	9	19	D—F	3
9	A—C	8	21	G—I	2
9	B—J	8	22	C—J	1
11	B—D	7	22	E—G	1
12	C—E	6	22	F—I	1

在学生填完所有数字后，与正确答案进行对比，显示错误的地方，可以允许学生进行修改，修改三次后出现正确答案，不要填错一个显示一个。

关卡四：

文字：请根据节约里程排序表，点击各配送中心连线，规划新的配送路线。

主界面左边为表4.30。

表4.30 节约里程排序表

序号	连接点	节约里程/km	序号	连接点	节约里程/km
1	A—B	15	13	F—G	5
2	A—J	13	13	G—H	5
3	B—C	11	13	H—I	5
4	C—D	10	16	A—D	4
4	D—E	10	16	B—I	4
6	A—I	9	16	F—H	4
6	E—F	9	19	B—E	3
6	I—J	9	19	D—F	3
9	A—C	8	21	G—I	2
9	B—J	8	22	C—J	1
11	B—D	7	22	E—G	1
12	C—E	6	22	F—I	1

右边为文字:配送中心的现有送货限制为:只有额定载重分别为20吨和40吨两种厢式货车可供送货,每辆车每次送货的成本不能超过30。

初始方案如图4.16。

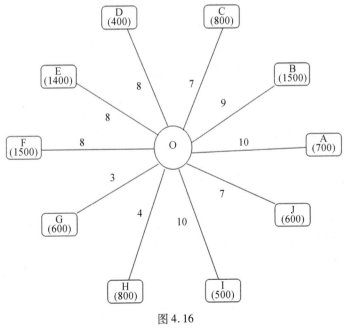

图4.16

配送路线为 10 条,总成本为 148,需载重货车 20 吨 10 辆,需载重货车 40 吨 0 辆。

关卡五:

文字:配送中心的现有送货限制为:只有额定载重分别为 20 吨和 40 吨两种厢式货车可供送货;每辆车每次送货的成本不能超过 30。

规划配送路线 1 如图 4.17:

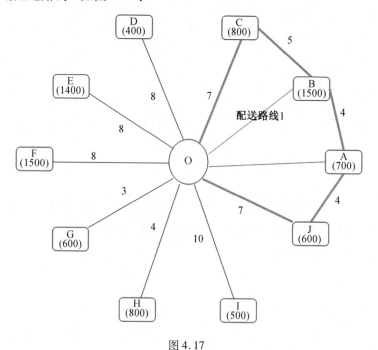

图 4.17

出现文字:"配送路线 ☐ 条,总成本 ☐ 元,需载重货车 20 吨 ☐ 辆,需载重货车 40 吨 ☐ 辆。"

出现"确认"按钮。

规划配送路线 2:

各节点间学生可以自由点击连线,当连线正确,同时填写(配送路线 7 条,总成本 109 元,需载重货车 20 吨 6 辆,需载重货车 40 吨 1 辆)正确后,点击确认即可;如果错误,显示"请您再考虑下吧",所有连线消失,学生再连,总共 3 次机会。答不对则显示正确答案。完成后点击"规划配送路线 2"按钮方可进入下一画面。

关卡六：

文字：配送中心的现有送货限制为：只有额定载重分别为 20 吨和 40 吨两种厢式货车可供送货，每辆车每次送货的成本不能超过 30。

规划配送路线 2 如图 4.18：

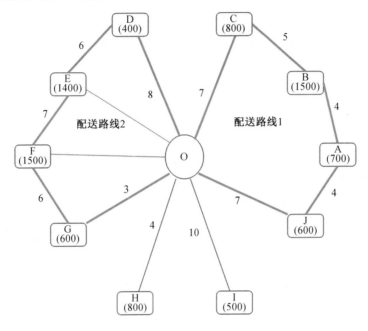

图 4.18

出现文字："配送路线□条，总成本□元，需载重货车 20 吨□辆，需载重货车 40 吨□辆。"

出现"确认"按钮。

规划配送路线 3：

自由点击连线，当连线正确，同时填写（配送路线 4 条，总成本 85 元，需载重货车 20 吨 2 辆，需载重货车 40 吨 2 辆）正确后，点击"确认"按钮即可；如果错误，显示"请您再考虑下吧"，所有连线消失，学生再连，总共 3 次机会，答不对则显示正确答案。完成后点击"规划配送路线 3"按钮方可进入下一画面。

关卡七：

文字：配送中心的现有送货限制为：只有额定载重分别为 20 吨和 40 吨两种厢式货车可供送货，每辆车每次送货的成本不能超过 30。

规划配送路线 3 如图 4.19：

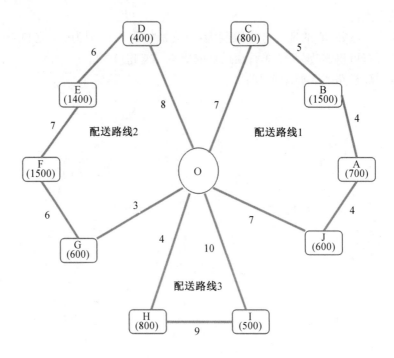

图 4.19

出现文字:"配送路线□条,总成本□元,需载重货车 20 吨□辆,需载重货车 40 吨□辆。"

出现"确认"按钮。

自由点击连线,当连线正确,同时填写(配送路线 3 条,总成本 80 元,需载重货车 20 吨 1 辆,需载重货车 40 吨 2 辆)正确后,点击"确认"按钮。即可;如果错误,显示"请您再考虑下吧",所有连线消失,学生再连,总共 3 次机会,答不对则显示正确答案。

答对后出现下面画面:原始配送方案与优化配送方案比较。

左边(如图 4.20):

配送路线 10 条,总成本 148,需载重货车 20 吨 10 辆,需载重货车 40 吨 0 辆。

右边(如图 4.21):

配送路线 3 条,总成本 80 元,需载重货车 20 吨 1 辆,需载重货车 40 吨 2 辆。

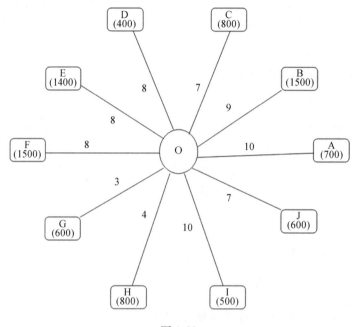

图 4.20

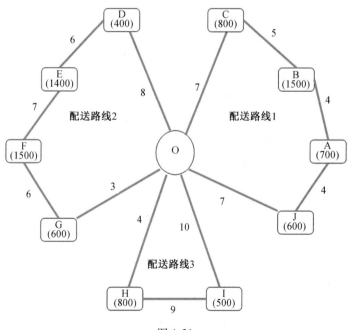

图 4.21

出现文字:"恭喜您,您规划设计的配送路线使公司总送货成本由148元降至68元哦!"掌声响起,出现动画,老总为调度员颁发优秀员工奖,并升职为配送总管。

3. 虚拟现实类动画脚本制作

(1)构思。

①考虑整体框架,画出流程图,这样能减少与技术人员交流的时间成本。

②每一步如何做填到流程图中,不能标明的,用文档说明。

③与教学大纲中的实训结合,如大纲有问题,则需修订大纲。

④每一步加入实训测评指标,最后给出实训的总成绩。

⑤虚拟现实中不能完成的,要用软件完成,请标明。

⑥与现实场景的关系也要标明,为后续实训室建设打基础。

本项制作应在考虑了物流管理专业课程整体设置的基础上,排除与仓储、采购等课程交叉的内容,重点设计配送的核心内容。

(2)内容。

开始:(用旁白的形式)配送的概念:配送是指"在经济合理区域范围内,根据用户的要求,对物品进行拣选、加工、包装、分割、组配等作业,并按时送达指定地点的物流活动"。配送是根据用户的要求,在物流据点内进行分拣、配货等工作,并将配好的货物适时地送交收货人的过程。它是物流中一种特殊的、综合的活动形式。它将物流和商流紧密结合起来,既包括了商流活动,也包含了物流活动中若干功能要素。

那么,配送工作是如何开展的呢?

出现一个闯关人A,这个人来回答各个环节的工作流程,每个流程回答正确后出现该流程的操作模拟动作。

首先进入订单处理环节,A来到一间办公室(订单部)门口,门上标有9个工作内容:

①接受订货。

②订单确认。

③设置订单号码。

④建立客户档案。

⑤存货查询及依订单分配存货。

⑥计算拣取的标准时间。

⑦依订单排定出货时程及拣货顺序。

⑧分配后存货不足的处理。

⑨订单资料处理输出。

闯关人需要对其进行排序,排序正确则门打开,进入里面,若干电脑正在接受和处理订单。(在屏幕的上方依然存在以上9个环节的分段字幕。)

点击"接受订货"按钮出现以下动画演示:

①利用传真机接受订货。

②客户将订货表单或订货磁片、磁带邮寄给配送中心。

③业务员将订单带回公司。

④当库存低于安全存量时,客户处即自动产生订货资料,并将此订货资料确认后通过电信网络传给配送中心。

点击"订单确认"按钮,依次出现以下订单(表4.31—表4.35),每个订单中都存在问题,A的手指如果能够指在有问题的地方并单击,则该处文字呈现红字,双击出现错误的原因和解决方法的文字字幕。(以下订单皆为虚构。)

表4.31

订购日期:	2010年3月
客户姓名:	吴×
客户单位:	宁波荣升日用品杂货店
客户地址:	宁波北仑新契新大路1000号
客户电话:	0574-86891118
客户Email:	123@qq.com
*包装要求:	周转箱散放
*订单类别:	当日订单

订购的货品如下

产品	数量	单位	单价/元	金额/元
牙膏	10	只	5	50
肥皂	25	块	3	75
洗衣粉	10	袋	12	120
毛巾	15	条	10	150
洗发水	16	瓶	30	480
食用油	12	桶	40	480
酱油	30	袋	2	60
食醋	60	袋	1	60

续表

产品	数量	单位	单价/元	金额/元
杀虫剂	18	瓶	10	180
电饭煲	6	口	200	1 200
合计				2 855

错误:日期不够明确。解决方法:及时沟通确认。

表4.32

订购日期:	2010年3月20日
客户姓名:	吴×
客户单位:	宁波荣升日用品杂货店
客户地址:	宁波北仑新契新大路
客户电话:	0574-86891118
客户Email:	123@qq.com
*包装要求:	周转箱散放
*订单类别:	当日订单

订购的货品如下

产品	数量	单位	单价/元	金额/元
牙膏	10	只	5	50
肥皂	25	块	3	75
洗衣粉	10	袋	12	120
毛巾	15	条	10	150
洗发水	16	瓶	30	480
食用油	12	桶	40	480
酱油	30	袋	2	60
食醋	60	袋	1	60
杀虫剂	18	瓶	10	180
电饭煲	6	口	200	1 200
合计				2 855

错误:地址不够明确。解决方法:及时沟通确认。

表 4.33

订购日期：	2010 年 3 月 20
客户姓名：	吴×
客户单位：	宁波荣升日用品杂货店
客户地址：	宁波北仑新契新大路
客户电话：	××××-××××××××
客户 Email：	123@qq.com
*包装要求：	周转箱散放
*订单类别：	当日订单

订购的货品如下

产品	数量	单位	单价/元	金额/元
牙膏	10	只	5	50
肥皂	25	块	3	75
洗衣粉	10	袋	12	120
毛巾	15	条	10	150
洗发水	16	瓶	30	480
食用油	12	桶	40	480
酱油	30	袋	2	60
食醋	60	袋	1	60
杀虫剂	18	瓶	10	180
电饭煲	6	口	200	1 200
合计				2 855

错误：无联系电话、地址不详细。解决方法：及时查询订单来源，取得联系。如果无法取得联系则取消订单。

表 4.34

订购日期：	2010 年 3 月 20
客户姓名：	吴×
客户单位：	宁波荣升日用品杂货店
客户地址：	宁波北仑新契新大路 1000 号
客户电话：	0574-86891118
客户 Email：	123@qq.com
*包装要求：	周转箱散放
*订单类别：	当日订单

订购的货品如下

产品	数量	单位	单价/元	金额/元
牙膏	10	只	5	50
肥皂	25	块	3	75
洗衣粉	10	袋	12	120
毛巾	15	条	10	150
洗发水	16	瓶	30	480
食用油	120	桶	40	4 800
酱油	30	袋	2	60
食醋	60	袋	1	60
杀虫剂	18	瓶	10	180
电饭煲	6	口	200	1 200
合计				2 855

错误：数字核对不正确。解决方法：及时沟通确认食用油的订购数量。

表 4.35

订购日期：	2010 年 3 月 20
客户姓名：	吴×
客户单位：	宁波荣升日用品杂货店
客户地址：	宁波北仑新契新大路 1000 号
客户电话：	0574-86891118
客户 Email：	123@qq.com
*包装要求：	周转箱散放
*订单类别：	当日订单

订购的货品如下				
产品	数量	单位	单价/元	金额/元
牙膏	10	只	5	50
肥皂	25	块	3	75
洗衣粉	1 000	袋	12	12 000
毛巾	1 500	条	10	15 000
洗发水	16	瓶	30	480
食用油	12	桶	40	480
酱油	3 000	袋	2	6 000
食醋	60	袋	1	60
杀虫剂	18	瓶	10	180
电饭煲	600	口	200	120 000
合计				154 325

错误:订购数量异常偏大。解决方法:确认客户的信用,保证账款安全。

A 走入下一个工作环节:拣选区。

旁白开始介绍拣选:拣货作业是配送作业的中心环节。所谓拣货,是依据顾客的订货要求或配送中心的作业计划,将商品从其储位或其他区域拣取出来的作业过程。拣货作业在配送作业环节中不仅工作量大、工艺复杂,而且要求作业时间短、准确度高、服务质量好。因此,加强对拣货作业的管理非常重要。在拣货作业中,根据配送的业务范围和服务特点,即根据顾客订单所反映的商品特性、数量多少、服务要求、送货区域等信息,采取科学的拣货方式,进行高效的作业是配送作业中关键的一环。

A走入拣选区,内部有货架大约3排,每排有10×4=40个货位,手推液压托盘车2台,拣选台车2台,标准托盘10个,周转笼及物流盒若干。

A走入后屏幕出现"拣选开始"的字样,A手指屏幕的字样,出现如下流程内容:形成拣货资料、行走和搬运、拣取、分类与集中。四个流程内容顺序打乱,A对其进行排序。排序正确则出现下面的订单(如表4.36)。

表4.36

订购日期:	2010年3月20
客户姓名:	吴×
客户单位:	宁波荣升日用品杂货店
客户地址:	宁波北仑新契新大路1069号
客户电话:	0574-86888888
客户Email:	123@qq.com
*包装要求:	周转箱散放
*订单类别:	当日订单

订购的货品如下

产品	数量	单位	单价/元	金额/元
牙膏	10	只	5	50
肥皂	25	块	3	75
洗衣粉	10	袋	12	120
毛巾	15	条	10	150
洗发水	16	瓶	30	480
食用油	12	桶	40	480
酱油	30	袋	2	60
食醋	60	袋	1	60
杀虫剂	18	瓶	10	180
电饭煲	6	口	200	1 200
合计				2 855

注意:订单上的货物中食品、日用品、有毒物品不能放在太靠近的位置,由拣选区的工作人员开始操作拣选过程,用3D动画表示按照工作流程完成拣选单

中货物的拣选,之后将货物放在出货区的站台上面。

A进入加工区。

画面出现一个流通加工和包装的工作场景,有人在包装货物(一般小的货物装盒),有人在将一块大的钢板切割成小的圆形和方形等,有人在往货物的小盒子上贴标签,有人在组装产品。〔如果能够展现更多下面红字(仿宋)部分的加工动作更好。〕

旁白介绍流通加工的定义:物品在从生产地到使用地的过程中,根据需要施加包装、分割、计量、分拣、组装、价格贴付、标签贴付、商品检验等简单作业的总和。

将"加工、包装、计量、分拣、组装、价格贴付和商品检验等词"展现在屏幕上。

由A将加工动作的文字字段拉到相应的工作场景内,正确则显示相应的提示,错误则出现另外的提示。

A来到运输部。

画面出现一行字:"现在需要将货物从A点送到F点,请标出最短路径。"同时出现图4.22,图形中先不出现带箭头的线(此为答案),由A用手指画出,正确才能进入下一个环节。

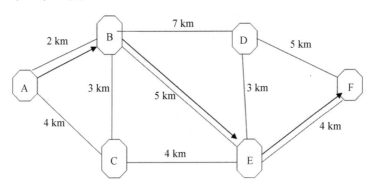

图4.22

进入下一个环节。

出货站台上放着很多大大小小的货物,旁边是一辆货车,将货物设计为整个体积正好满一车,由A用手将货物一个个拉入车内,摆放合理能装下,不合理则装不下。

货物装好后进入下一个环节。

送货:司机手持送货单,开车从上面图形中的A点开向F点。画面显示是汽车在开，右上角出现图4.22，图中显示车行驶的路线和位置。车开到F点，出现一个场景，一个杂货店门口，司机卸货，将送货单交给杂货店老板签收，拿回回执，开车返回。

（四）视频资源建设

1. 视频资源的特点

（1）主题性。

视频具有主题性的特点。视频案例打破了教学环节的概念，以主题为线索来连接课堂教学的片段。与课堂实录式的视频比较，课堂实录可以体现多个主题，专家点评也会涉及多个主题，而视频资源基本上应该体现主题的唯一性，以解决教育教学中的类型性问题。

（2）情境性。

在文本案例中，主题的情境过程要依靠文字描述才能得以表现，而视频案例则用体现主题的音像片段来表现，具有生动的直观情境，并能再现教师和学生在教学过程中的举动、表情甚至心态，更能够全方位地透视主题展示的深度。

（3）探究性。

视频案例展示的课堂教学片段或活动片段，不一定是优秀的、典范的，而是侧重主题的典型、新颖；可以是有问题的录像片段，但要具有探究、研究的价值，可供教师比较借鉴，从而促进教师的教育教学理念和行为的演变。

（4）系统性。

视频案例的结构版块包括背景介绍、课堂实录、课后反思、同行点评、学生反馈、专家点评、案例问题、参考资料等。而现行的实录式案例一般只有背景介绍、课堂实录和专家点评，顶多还有课后反思或专家引领、实践矫正。所以，视频案例具有对相关主题研究的系统性。

2. 视频案例的脚本

视频脚本，即对视频案例各结构版块的内容、操作要领及要求用文字予以清晰、扼要的表述。视频脚本各部分的写作要求如下。

（1）视频案例标题。

视频的标题是对主题或问题高度、巧妙、新颖的概括，不等于就是课堂实录教学内容的题目或教学活动的项目名称。

例如：《×××综合实践操作课堂教学案例》。

(2)主题选择说明。

根据实际情况和本视频的需要,有侧重地阐明课程、教材、教师、学生情况以及该主题研究的现实意义或研究现状。上述几个方面可以有选择性地阐述,不必求全,只需明白且有针对性。(可有画外音"画"可用教材相关内容的镜头或照片。)

(3)视频构成。

由"视频案例""视频案例制作核验单""相关资料"三个文件夹构成。

"视频案例"文件夹包括以下 8 个子文件夹。

①背景介绍。

根据实际情况和本视频案例的需要,有侧重地阐明课程、教材、教师、学生情况以及该案例主题研究的现实意义或研究现状;上述几个方面可以有选择性地阐述,不必求全,只需明白且有针对性;简要介绍课堂教学或教学活动的整体设计,着重介绍与主题相关的设计;整体上要简明扼要。

可用画外音,也可由执教者直接讲述,或混合使用;"画"可用教材、教学相关内容的镜头或照片。

②课前讨论。

"课前讨论"是指使用本视频案例供教师们学习时,向教师们提出思考题,包括教学内容的思考题和教学法的问题,以供教师们讨论。这是现在有的视频案例中以幻灯片形式出现的一种内容,但根据该内容的具体题目,它可以属于后面所列的"案例问题"子文件夹,所以也可以挪到"案例问题"中去,而不单独存在。

③课堂片段。

截取编辑而成的课堂教学片段的总体要求:必须围绕视频案例的主题或问题来选择。"课堂片段"可以有几种含义:一堂课的教学片段;一位教师几堂课的教学片段;几位教师执教的课堂教学片段。教学活动的片段,主要指实践操作性的教学活动。

"课堂片段"的脚本,如有可能(利用现存课堂实录或已完成的新摄制的课堂实录)就写明各课堂片段的主要教学内容;如写脚本时课堂片段未能基本确定,则写明对准备截取的各课堂片段的内容要求。

④案例问题。

"案例问题"可以包括以下几种。课前作业单:指课前出示给学生的关于教学内容的学习讨论或思考题;课前讨论题:指使用本视频案例供教师们学习时,向教师们提出的思考题(前面已做表述);学科问题:指供学生思考回答的围绕教学内容设置的拓展、发散、创新性问题;学科教学法问题:指课堂教学片段或课堂实录中体现的关于教学法的诸多思考题目;认知水平问题:指学生在课堂学习中体现的认知水平、参与度、自主探究状态、学习方法等问题;情感与态度问题:指学生在课堂学习中关于兴趣、情感、态度、教师的民主态度等问题;背景问题:指与视频案例主题相关的某些专家、专著的观点或理论与课堂教学片段的关系等问题,与前面的"背景介绍"不同。

"案例问题"在脚本设计时不一定能够全部完成,可以先设计一个雏形,在作品完成时再确定。

⑤课后反思。

课后反思是执教者对课堂教学片段体现视频案例主题的状况(得失)进行反思总结。表达要简明扼要。

⑥同行交流(点评、切磋)。

邀请1—3名执教者的同行(同学科组的教师),针对视频案例片段体现的状态、相关问题进行评价、切磋。

脚本中须点明不同的同行谈话的主要内容角度。

⑦学生反馈。

设计与视频案例主题关系比较密切的采访问题,采访参与课堂或活动学习的学生1—3名。

脚本中应设计初步的采访题目。

⑧专家访谈。

邀请造诣深厚、经验丰富的知名专家,设计与视频案例关系密切的问题或相关问题,请专家进行评价引领。专家人数为1—3人。

脚本中应设计专家评价引领的内容角度或方向供专家参考。

视频案例的子文件夹可以根据需要创设,无确切数量限制。例如:可设立"社会广角"子文件夹,对凡涉及社会生活的教育教学话题,请社会各界人士和家长谈看法;还可设立"交流平台",由各地教师点击此子文件夹,通过网络聊天的方式,与视频案例完成者交流该方面的教学经验,甚至此子文件夹可以出现已有的交流内容。

"制作核验单"文件夹脚本应该填写"作品核验单"。如果有的内容确实没能完成,则不填写或仅写明初步打算。

"相关资料"文件夹包括以下6个子文件夹。

①过程实录。

过程实录是课堂教学或教学活动的全过程音像实录。脚本中要扼要阐明教学的内容和过程,写出教学活动的步骤与阶段,说明拍摄的要求与注意事项。

②文献资料。

与视频案例主题关系密切的论文、著作,应该表明其出处和主要观点。如:文献名称、作者、发表杂志或出版社的名称、主要观点,可用读书卡片的形式做成幻灯片。

脚本中可列出一部分文献的文献名称、作者、发表杂志或出版社的名称,作品完成时再确定。

③教学设计。

教学设计主要包括教学设计方案、课件。写作脚本时如果还没有完成,可只写明教学设计方案、课件的主要内容、步骤及其要求。

④教学素材。

教学素材是与视频案例主题相关的其他图片、照片、录像资料。写作脚本时如果还没有确定,就不写,待作品完成时再补充进去。

⑤相关网站。

相关网站中包含能够查阅视频案例主题研究的相关资料或进行网上交流的相关网站名称。写作脚本时如果还没有确定,就不写,待作品完成时再补充进去。

⑥作品完成人员。

设计者:指完成视频案例的设计者(不是课堂教学或教学活动的设计者)。设计者主要应完成的是,脚本的设计、主题的选定及围绕主题指导教学片段的剪辑。脚本中只写明设计者的姓名、单位、专业技术职务或荣誉称号。

指导者:指课堂教学或教学活动的指导者。脚本中要写明指导者的姓名、单位、专业技术职务或荣誉称号。

执教者:指课堂教学或教学活动的设计者与执行者。脚本中要写明姓名、年龄、单位、专业技术职务或荣誉称号。

摄像者:指课堂教学或教学活动的摄像人员,可写1—3人。脚本中要写明姓名、单位、专业技术职务。

制作者:指视频案例的音像编辑制作人员,一般为1人。脚本中要写明姓名、单位、专业技术职务。

专家:指对视频案例进行评价引领的同行业专家,可以有1—3人。脚本中要写明姓名、性别、年龄、单位、专业技术职务或荣誉称号。

3. 视频的拍摄

(1)教学摄录像要求。

①摄录像要反映教学整个过程。

整个教学过程的每一个镜头、每一个细节都必须如实客观地记录下来。

②摄录像要体现教学的特点。

在摄录过程中,工作人员必须充分地利用摄录技巧,合理地使用各种镜头、各种景别相互交替来描绘和体现教学过程。

③摄录像要做到有的放矢。

在摄录的时候必须注意镜头的选用,每个镜头到底要告诉学生什么内容?学生能从中学到什么?训练的是学生的哪一种技能?这些都是摄录像所必须注意到的。

④摄录像要保证信号质量。

如果视频、音频的质量不好,那必然会影响教学的效果。这就要求摄录像人员要有比较扎实的专业功底,这样才能做到画面无抖动扭曲的现象、声音清楚洪亮,才能保证不影响整个教学的效果。

(2) 拍摄前的准备工作。

一部好的课堂实录应该是拍摄人员与授课教师、学生共同努力的结果。摄制人员事先应和教师沟通,了解教学大纲、教学内容、教学目标、教学手段和方法以及课堂教学过程中师生活动的过程,然后进行适当的策划(如机位、景别等),做到心中有数。

①机位选择。

机位的安排是课堂教学录像拍摄的重要准备工作。

一个教室的硬件一般由计算机、视频投影系统(各类信号源+投影仪+投影屏幕)、音响系统、供电照明系统、教师控制台、黑(白)板、窗帘等构成。上述设施的布置方式直接影响了摄像机机位的确定。另外,像教室的照明、墙壁的颜色、书桌的高低等,也都是拍摄人员在确定摄像机机位时必须考虑的因素。

从拍摄对象来看,课堂教学重要的镜头有:教师镜头、学生镜头、学生讨论回答镜头、黑板和投影内容等。而不同年级的学生又有明显差异,甚至不同班级的学生课堂表现也不尽相同;不同类型的课,学生的参与程度也不一样。这也是拍摄人员在定机位时要考虑的因素。

从拍摄条件看,还有双机位拍摄和多机位拍摄的区别。

拍摄人员要充分考虑拍摄对象的多样性和客观环境的复杂性,根据具体场景具体分析,进行综合设置。

一般课堂实况采用双机位拍摄。2台摄像机的信号可分别通过视频线输送到切换台进行现场切换。

②摄像机具体分工。

一号机负责拍学生,以近景、特写为主,兼顾中景,如学生听课、做实验、练习、记笔记、回答问题、朗读等课堂教学过程的情况,同时要注意抓拍好与教学活动相关的个别学生的瞬间动态(如脸部神态、表情等)。另外,中学生课堂气氛不及小学生活跃,不需要太多的学生听课、思考问题、回答问题等镜头,通过摇镜头,可拍摄到旁边学生的正、侧面镜头。

二号机主要拍教师活动,开头和结尾处镜头以大全景为主,中间以中景镜头为主,拍摄教师讲课、板书、操作计算机、投影及演示实验等重点、要点,尽可能地拍好教师近景和板书内容。

一般情况下,2台摄像机按照各自的职责拍摄。应安装导播与拍摄人员之间的通话系统,以便两个机位之间的协同配合。

另外,教学软件(课件)的信号,可利用视频转换卡从电脑中将数字信号变换成视频信号,输送到切换台。

③光线处理。

在教室里,为了有较好的投影效果,常常用窗帘将窗户遮严,将投影屏幕前的灯关掉,只靠远距离投影屏幕的灯光和显示器本身的亮度照明。这样,整个教室光线较暗,光线色温也不正常。而低亮度拍摄会导致投影内容曝光过度和教师曝光不足的矛盾。如果以投影内容的曝光要求为基准进行曝光,教师的面部就会比较暗;如果以教师面部的曝光要求为基准进行曝光,投影内容就会过亮甚至无法看清画面。解决这一问题的方法主要有以下四种。

一是把计算机信号直接接入切换台。教室中投影内容大多是教师用计算机输出的信号。我们可以使用带视频输出的显卡或其他转换器,实现计算机信号直接接入切换台。为保证过渡自然,可采用淡入、淡出、混合等特技进行切换。

二是后期补拍和编辑。在第一次拍摄时,以教师面部的曝光要求为基准进行曝光,多机位进行切换实录。随后对有投影出现的细节进行补拍,用插入编辑的方法进行修改。同样要选好编辑点,使过渡自然、顺畅。

三是区域布光法。对教师活动较为频繁的区域给予较强的布光,而对投影区给予较暗的布光或不布光。最好使用聚光灯,而不要用散光灯,以避免影响投影区域的光线。有条件的可以使用追光。

四是改善投影仪质量。在经济条件允许的情况下,尽可能地选用高亮度、高分辨率的投影仪,这样就可以在较亮的环境下拍摄,从根本上解决教师曝光不足和投影内容曝光过度的矛盾。

(3)拍摄技巧。

拍摄技巧主要为景别的运用和镜头的运动。

①景别的运用。

课堂教学录像的景别一般可分为全景、中景、近景和特写四种。

全景:表现的是某一被摄对象(如课堂、人物等)的全貌。主要用于事物全貌的介绍或展示,如课堂的环境、学生的活动、教师的教态等,强调的是课堂的氛围、情景,揭示事物互相之间的关系。此景别在课堂录像的开头、结尾及中间环节都会用到。

中景:是表现人体膝盖以上部分或一个场面局部的画面。中景与全景相比,表现的范围缩小了,进一步接近了被摄主体;画面中展示的除了被摄主体外,还有与主体有关的周围环境,此时环境和背景因素起着辅助、陪衬或烘托的作用,并与主体一起表达一个相对完整的意义。中景主要是用来揭示主体人物的情绪、身份以及动作目的。如用中景拍摄学生回答问题时的情景,不但可以表现回答问题的学生的表情和神态,还可以显示邻座学生的反应(如表情、动作等)。

近景:是人物胸部以上或物体局部的画面。与中景相比,画面表现的空间进一步缩小,内容也更趋单一。近景主要是用来表现人物面部表情以及肢体动作的变化等,可给人以交流感。如学生回答问题、朗读、做作业、做实验,教师讲课、写板书、做演示实验等。这是课堂录像中最常用的一种景别。

特写:是人体肩部以上的头像或某些被摄对象细部的画面,是对事物细小部位的放大,给人以较强烈的视觉冲击,强化观众对所表现的形象的认识和感受,加深记忆。如板书内容、实验现象、师生的面部表情和神态等。

②镜头的运动和运用。

摄像机常用的拍摄方式有推、拉、摇、移、跟等几种,恰当地运用镜头,才能达到好的拍摄效果。

摇镜头:就是摄像机位置不动,借助于三脚架上的云台,按某一方向水平或垂直转动摄像机所拍摄到的镜头。其画面效果犹如人们转动头部环绕四周或将视线由一点移向另一点。其目的就是通过摄像机的运动将画面向四周扩展,使画面更加开阔,给人完整的印象。如为了强调课堂学生活动或反映整个课堂气氛,就可用这种拍摄方式拍摄全景来完成。当然,在用该方式拍摄时应注意画面起幅和落幅时的停顿(一般为 3—5 秒)和画面内地平线的水平,同时还应控制好使用的次数与转动的方向,摇镜头过于频繁或来回摇动都容易使观众感到不适。

推镜头:就是通过变焦使画面的取景范围由大变小,逐渐向被摄主体接近的一种拍摄方法,其目的就是"引导"甚至"强迫"观众注意被摄体,有突出主体、强调局部的作用,如用于引导观察板书、挂图、投影、人物表情或动作以及实验现象等。由于推镜头是通过画面的运动来引起观众对某个形象或教学环节的注意,因此,其应有明确的表现意义,那种没有任何意义,仅仅是为了表现摄制技法而推的镜头应该避免。

拉镜头:与推镜头相反,拉镜头是通过变焦使画面的取景范围和表现空间由小到大、由近变远的一种拍摄方法。它强调的是主体与整体以及主体与环境的关系,如起幅是学生专注的眼神,然后慢慢拉开,落幅是这个学生在专心做实验的近景;又如起幅是教师,慢慢拉开到教师与学生在交谈,最后落幅是课堂内学生激烈讨论的全景等。拉镜头在一个镜头由小景别向大景别连续的变化中保持了表现空间的连贯性和完整性,画面表现上具有无可置疑的真实性和可信性。

跟镜头:就是摄像机镜头跟随运动的被摄体一起运动而进行的拍摄,其特点是画面始终跟随一个运动的主体(教师或学生等),并且要求这个被摄对象在画框中要处于一个相对稳定的位置,以利于展示运动主体的神情变化和姿态变化,如拍摄教师在课堂上巡视、学生表演节目等。拍摄时要注意把握好焦距的调整(自动档除外),以免图像模糊不清。

移镜头(移动拍摄):是将摄像机架在可移动物体(如装有滑轮的三脚架)上并随之运动而进行的拍摄。考虑到画面的稳定性,在课堂实录中一般不太使用这类镜头,只有当被摄体被前景挡住无法正常取景时才使用。

组合拍摄:是指在一个镜头中有机结合推、拉、摇、移、跟等几种不同摄像方式的拍摄方法,用这种方式拍摄的画面也叫综合运动镜头。如在拍摄学生分组讨论这一教学环节时,可先用全景表现课堂中热烈的讨论气氛,然后使用跟镜头随着教师走动,当教师走近某一组学生时,再用推镜头推至中景表现出教师和学生讨论的情景。

③镜头的组接和特技的运用。

课堂教学录像是课堂上教师形象、教学行为的直观体现,除了要求拍摄人员客观、准确、及时地把握好每个镜头外,作为现场导播(切换人员)还应在画面的选择与组合、镜头的切换、机位的调度、特技的应用等方面做到适时、适度、准确、合理,切忌画面停顿过短或镜头切换频繁以及过多地使用特技镜头而造成中心不突出、画面零乱,以致削弱了原有的课堂教学效果。

对于一些用单画面难以完全展示的教学环节,如师生对话等,可用画中画或左右画的技巧,用近景突出教师提问题时的面部表情和手势,用中景表现学生回答问题时的表情和神态,使画面能产生面对面交流的效果。

在拍摄用现代教学媒体(投影、电视)及其他手段(挂图、板书等)展示的一些教学内容时,为了表现此时教师或学生表述时的手势、表情,也可用画中画的功能,把要展示的教学内容放在主画面(便于看清内容),把教师或学生的近景画面置于主画面中某一合适的位置,画框大小以不影响主画面的内容展示为前提。

课堂录像对镜头的长度虽然没有严格的规定,但连续的短镜头容易使观众感到疲倦,冗长而又单调的镜头会使人厌烦。一般情况下,全景镜头与特写镜头相比,可供观看的信息较多,因此可适当长一些,而特写镜头可短一些;有趣的、动态的镜头可长一些,静态的、单调的镜头应短一些。

(4)后期剪辑。

所谓后期剪辑,就是对拍摄的录像素材进行选择、取舍和组接,最终编成一部连贯流畅、含义明确并具有一定艺术感染力的录像作品。课堂录像的后期剪辑工作主要包括下列两个方面。

①对超过规定时间长度的课堂教学录像进行一些取舍,主要是将那些烦琐、拖沓、重复的内容加以精简,对一些同一动作的内容(如学生写作、制作、实验、分组讨论等)可通过镜头的转换来省略其间不必要的过程,使整片达到规定的长度。根据国家教委 1990 年发布的《电教教材编制要求与技术质量试行标准》,教学录像带内容的安排必须符合以下次序:

- 在录像带的开头需录制 60 秒钟的彩条信号。
- 彩条信号后再录制 10 秒钟的黑底(场)信号。
- 片头(一般少于 30 秒)。
- 教学内容。
- 片尾。
- 彩条(10~40 秒)。

平常我们所说的录像带节目的长度一般就是指片头、教学内容、片尾这三项时间长度的总和。

②在录像中插入一些课堂拍摄时漏拍或补拍的镜头,以保证课堂录像信息的完整性。如拍摄示范课录像,个别教师面对摄像机时会很紧张,教学中遗漏了某些教学环节,从而影响课堂录像的整体示范效果;再如摄像人员所拍摄的镜头不到位或导播切换不及时,造成某些重要的教学信息遗漏等,都要在课后进行补拍,并在后期制作时插入。

课堂录像剪辑时要保证镜头与镜头组成的动作事态外观的自然、连贯和流畅,注意人物行动的方向及彼此间的空间关系,要让观众感到所有的画面都是一气呵成的。在实际制作过程中,制作人员要充分认识到在教室拍摄的特殊性,根据实际情况多方面综合考虑,才能制作出比较好的节目。

(五)案例资源编写

案例教学,是一种开放式、互动式的新型教学方式。通常,案例教学要经过事先周密的策划和准备,要使用特定的案例并指导学生提前阅读,要组织学生开展讨论或争论,形成反复的互动与交流,并且,案例教学一般要结合一定理论,通过各种信息、知识、经验、观点的碰撞来达到启示理论和启迪思维的目的。在案例教学中,所使用的案例既不是编出来讲道理的故事,也不是写出来阐明事实的事例,而是为了达成明确的教学目的,基于一定的事实而编写的故事,它在用于课堂讨论和分析之后会使学生有所收获,从而提高学生分析问题和解决问题的能力。

通常情况下,案例教学的对象应当是有一定实践经验和理论素养的应用型专业硕士研究生,就公共管理学科而言,适用的对象应当是 MPA。这是因为案例教学的主要目的不是传授知识,而是通过动员学生的参与热情,唤起潜藏在学生身上的丰富的实践经验及其能力,从而开展讨论,通过针对同一问题的不同观点的互相交锋和彼此互动,激发学生的创造性思维,提高判断能力、分析能力、决策能力、协调能力、表达能力和解决问题的能力。在课堂实践中,学生实践经验的多少通常是和课堂参与程度及其通过案例讨论得到的收获启发成正比的;在 MPA 教学以及在职研究生班的教学中使用案例教学通常效果最佳;选择那些和学生的工作及其经验背景有关的案例则会形成较好的课堂反响。

针对职业教育,案例不应该是简单的事实陈述,情节叙述应该更加具体,案例的内容最好集中到具体的工作内容,让学习者能通过阅读案例学习和理解岗位工作,之后针对细节提出讨论的问题。案例不仅是介绍一个故事,更重要的是通过故事学习分析问题的方法。所以,职业教育的案例可以是企业真实岗位发生的成功和失败的故事,也可以是以一个真实案例为背景,有目的地加工和编写的虚拟案例。

幸福街道有 15 个小区,约 1 万户人家。因为很多人家都饮用桶装水,因此需要送水。刘先生在与多家桶装水生产厂家沟通后,对该小区的整体情况做了概要调查,结果显示该街道每周需要桶装水 7 000 桶左右,用水的品牌不是很稳定,同时由于桶装水整体的质量问题使得部分以前饮用桶装水的人停止购买。这个街道还没有桶装水的配送点,水都是远处的一家大公司提供配送服务。刘先生认为应该在合适的位置开设一家配送中心配送桶装水。于是他注册了一家配送中心,设置在街道靠近中间、车辆进出比较方便的一个街面房内,暂时的唯一业务就是送水,水的品牌包括:农夫山泉桶装水、乐百氏桶装水、怡宝桶装水、雀巢桶装水、娃哈哈桶装水、康师傅桶装水、景田桶装水、益力桶装水、屈臣氏桶装水、鼎湖山泉桶装水、冰露桶装水、燕京桶装水、正广和桶装水、洞庭山桶装水。随着业务的逐步开展,出现了两个比较难解决的问题:首先是用户问题,因为刘先生送的水价格普遍比较高,有很多用户不能接受,销售量受到一定的影响;其次是要水的电话来得很没有规律,有很多时候为了送一桶水需要跑很远的路。对于前一个问题,可以借助于制造水的公司的宣传,同时自己采取一些促销手段来解决。对于后一个问题,他经过多方咨询和独立思考,采取了如下方法:①开展调查,搞清楚每户用水的人口数量,了解他们一桶水大概能用多少天,然后为每户免费提供更换的备用水桶。之后通过自己的推算,预先可以知道哪些人家的水快喝完了,就可以按照自己的安排有规律地送水,既保证了用户喝的水是新鲜的,又可以降低送货成本。对于临时的订水电话,可以与预先安排好送的水一起送出去。这一方案实施后,公司盈利额明显增加。②用科学的方法规划送货路线。为此刘先生对该街道的道路进行了仔细的研究,对每一条道路的车流高峰时间做了详细的记录。之后请了一个软件专家为自己制作了一个小软件,可以根据具体的送货任务规划送货的路线。这样一来,送货的成本又进一步降低了。

针对这一案例,完成表 4.37 的任务。

表 4.37 桶装水案例训练

工作情景概要	桶装水配送在日常生活中经常看到,我们可以看到桶装水配送中心经常整卡车卸下不同品牌的桶装水,在仓库内存放,之后再用小型车辆把水送给用户。这个过程虽然比一般的配送中心简单,但却是一个完整的配送过程				
任务	阅读教材上面的桶装水案例,对照教材第一章的内容,回答相关问题,并提出自己的桶装水配送的想法				
训练内容					
评价		Yes	No	评判人	日期
	1 问题回答是否正确				/ /2017
	2 所提出的想法是否有创意和可行性				/ /2017
能力要求	认知配送的基本概念和流程				

续表

序号	时间（分钟）	技能和知识	学习内容及学习活动			其他
			学习的过程			
			请回答下列问题	是否达到要求		
				Yes	No	
1	45（前面加讲解10—15分）	配送的主要概念，包括集货、存储、配货、配装、配送的分类、配送的流程等知识	Q1：在桶装水案例中哪一个活动属于"集货"？ 回答：			
			Q2：在桶装水案例中哪一个活动属于"储存"？ 回答：			
			Q3：在桶装水案例中哪一个活动属于"配货"？ 回答：			
			Q4：在桶装水案例中哪一个活动属于"配装"？ 回答：			
			Q5：在桶装水案例中何种情况出现应选择少品种大批量配送？ 回答：			
			Q6：在桶装水案例中何种情况出现应选择多品种少批量配送？ 回答：			
			Q7：在桶装水案例中何种情况出现应选择定时配送和定量配送？ 回答：			
			Q8：在桶装水案例中何种情况出现应选择共同配送？ 回答：			
			Q9：请简要叙述桶装水配送作业的流程。 回答：			

续表

学习的过程

序号	时间（分钟）	技能和知识	学习内容及学习活动	是否达到要求		其他
				Yes	No	
2	45	通过熟悉案例、学习配送的基本概念，能够对桶装水的整个配送过程进行粗略的设计，能提出自己的创意和见解	请完成以下任务（现在假定案例中的配送中心是你准备开办的）			
			首先请描述你的配送中心的选址策略（说明所选位置并说明理由） 回答：			
			说明你准备经销哪些桶装水的品牌并说明理由（如果不能完全确定，请提出收集信息，确定品牌的过程） 回答：			
			说明你需要多大面积的仓库并说明为什么（如果不能确定具体面积，请说明如何收集信息，从而确定仓库面积） 回答：			
			说明你需要哪些种类的配送车辆并说明理由 回答：			
			说明你将如何去争取客户 回答：			
			详细说明你的配送操作过程（现在假设已经有了大量的客户并且客户的需求有很大的不同，你需要用多种方法去满足客户，同时尽量降低成本） 回答：			

从这个案例可以看出，案例的编制不能太笼统，对于那些有时间经验、有理论功底的人来说，案例的设计宜粗略，要留有充分的想象空间，以便于进行广泛的讨论。但是对于高职的学生来说，案例的编制需要把思考的范围适当缩小，让学习者能够有针对性地、小范围地进行思考。要有具体的、明确的任务安排，这样，学习者才能知道应该干什么。

第五章　物流管理教学资源库的未来

一、企业认可的标准化,国际化趋势的需要

中国的职业技术教育面临比较尴尬的局面,其中一个乱象就是标准泛滥。任何一个学校或者一个学会、协会都会制定所谓的标准,甚至一些有影响力的团体利用其舆论优势搜集数据,给全国的高职院校排名,充当所谓的专家,学校及教师不堪其扰。之所以如此,原因就是没有权威的标准,虽然有很多专业的教育行业协会也在积极地制定全国的统一标准,但是实际情况并不理想。据作者了解,我国职业教育的行业指导委员会中,真正的行业企业极少,参与到委员会中的企业多数都是教育设备企业或者教育软件制作企业,这些企业严格上不能算是行业企业,其企业的利益指向也不利于职业教育的发展。我们总是强调职业院校要校企合作,但是却忽视了行业协会以企业为主体的特性,让行业指导委员会名不副实。那么,行业协会中为什么没有那么多行业企业的参与呢?其原因是企业参与到行业指导委员会不会有利益回报,行业指导委员会脱离行业而存在,如何能够给企业带来利益?虽然有些协会有给企业评级的功能,但是承担评级功能的部门和管理教学的部门在协会中是分开的,如此一来,行业指导委员会的主要功能类似于以前的教学指导委员会,本希望能够增加行业的指导功能但却没能实现,同时还缺少了以前的学术氛围。

国际通行的国际化教育认证往往是评估教学过程的有效性,对目标允许各国有自己的特点,也就是教学标准可以有一定的不同。但不可忽视的是,即使是可以有一定的个性特点,但是教学目标的出处却一定是企业,因为我们的学生未来要到企业就业,从事专业的工作,所以教学标准的企业认可也是国际化的需要。

我国政府在职业教育的标准化方面给予了大力的支持,资源库项目就是其中之一,在资源库建设之初,设想由资源库建设单位会同合作的企业,共同开发完成教学标准的制定工作。如前面章节所述,物流管理专业教学资源库团队也

在教学标准制定方面付出了大量的精力,完成了10门课程的课程标准建设工作。但是据了解,这个标准并没有在全国高职院校中得到广泛推广和应用,其中原因一个是建设的权威性没有得到认可,另外一个原因可能是每个学校都在执行不同的标准。这类问题是我国目前几乎所有研究项目的普遍现象。国家出钱将项目交付给项目团队,项目团队按照申报时的承诺完成工作,最后国家验收,看上去非常完善的过程,但是结果却并不让人乐观。第一,在验收时可能还不能判定项目建成后是否有效。以资源库建设为例,建设期是2—3年,建成后表面上看申报书中的承诺都已经实现,任务书中的任务也都完成,但是对这些成果的有效性在此时进行判断还为时过早。第二,验收的权威性并不确定。资源库在验收时,验收的指标更注重的是建设结果和申报书中的对应,对资源的具体内容审核几乎没有打分项,这导致验收的形式化。这种验收形式下的标准,恐怕没人有底气强制在全国推广。第三,以使用率来考核也不是长久之计。目前教育部要求各个专业开始考核已经建成的资源库的使用率,理论上已经存在问题,这种强推的使用率能不能起到预期的效果并不好预测。如果资源是好资源,强推可以提升教学质量,如果资源本身存在问题,又没有一个很好的纠错、反馈、更新机制,那么后果可想而知。

资源库的建设标准有很多,我们只选择以下几个作者认为比较重要的标准来阐述应该如何建设资源库。

1. 平台建设的基本标准

2015年物流管理资源库升级的任务书,对专业平台功能的描述如下。
(1)平台使用帮助。
提供网站地图、导航菜单、课程资源列表、学习步骤指引等一系列辅助工具帮助初次接触平台的学生迅速掌握平台的使用方法。提供文字指引和视频教程帮助教师掌握在平台上建设课程、组织教学、管理学生、安排考试和成绩评定的方法。
(2)课程建设与教学组织管理。
学生能在线注册、限时报名,能够依据责任教师要求组成教学班。教师可以上传常见格式的教学资源文件:Office、Flash、PDF、MP3、MP4 等。支持 zip 和 rar 格式文件的上传和服务器端解包。对资源文件进行版权保护管理。提供文本类资源的全文检索功能,允许通过关键字搜索列出所有相关资源。提供各种在线工具帮助教师编排课程内容、创建学习单元、根据学生学习进度按顺序发布学习内容并控制学生学习的节奏。允许按课程表时间进行设置,提供课程的开放和关闭功能。提供分组教学功能,学生可以分组讨论。

(3)交流互动。

学生可以在线查看课程开设日程、教师发布的教学任务等。教师可以批量或点对点和学生进行沟通,包括提问、收集答案、讨论等。具备虚拟课堂功能,能够播放文档、音频、视频给学生学习。学生可以在线提问、要求教师提供在线协助、小组内进行讨论等。能够记录教师和学生的所有交流记录。

(4)测试考核。

允许通过在线编辑或文件导入的方式生成测试题库。提供单选、多选、判断、填空、简答等多种主观与客观题型。提供测试或考核的自动批改功能,并生成相应的成绩表,可以将其导出为 Excel 格式的文件。提供限时测验、即时反馈、试卷分析等,并能根据学生的历史测验记录进行综合统计分析,为学生提供学习建议、资源或课程推荐等。

(5)统计管理。

教学管理人员可以根据权限跟踪统计教师的教学记录、学生的学习记录并生成在线报表,可以将其导出为 Excel 文件。教师可以跟踪课程、资源等的使用情况,评估资源的有效性并持续改进。学生可以查看自己学习情况的横向统计报告,了解自己的学习进度。

(6)学分认证。

根据教师和教学管理人员设置的课程信息对学生的学分申请进行认定。平台提供统一的标准数据接口,以便各个学校教务系统与平台实现对接,实现对学生成绩、学分等信息的集成。

从以上描述我们可以看出,平台内容都是教师上课需要的功能,学分认证的提出迎合了资源库验收标准。作者浏览过其他专业的资源库关于平台方面的阐述,也都没有具体提出平台的规范结构要求,没有标准可言。之所以出现这样的现象,是因为我国高职物流资源库的平台一直是有限定的,课程资源的建设单位选择平台的范围有限,平台的建设标准是由平台建设单位决定的,虽然建设中听取了课程建设单位的意见,但是不容易达成一致意见。即使是平台和建设单位有良好的沟通和一致的想法,一个专业的团队通常也不具备制定平台标准的水平。资源库建设单位应该是平台标准的执行者而不是制定者。本人认为,平台的标准应该从以下两个方面思考。

(1)平台的结构问题。

平台的结构决定了平台的功能,目前国内各类网络课程平台的结构都是以课程为主,进入平台后经过注册就可以进入课程,课程的结构基本相同,在此不加以叙述。这里面有一个基础性的问题,我们的课程建设的依据是什么?同样的课程有时候在一个平台里有好多个,每个课程的内容都不一样,难易程度、课程范围都有所不同。

所以,资源库的平台应该有一个相关标准的模块,如果资源库平台不能完成这个模块的建设,那么国家也应该有专门的网站公布课程的标准,这对职业教育至关重要。试想一个企业招聘毕业生,知道学生学什么专业、学过什么课程,但是却不能确定学生所学课程的内容,这是多么糟糕的事。

除了标准模块,平台还应该有一个学习者评估模块,这个模块可以用来对学习者的知识和技能掌握情况进行评估,有针对性地提供学习方案。这样可以避免学习者盲目学习,进而提高学习效率,未来的智能教育在这方面会有较大的需求。

(2)平台中模块功能的目标问题。

目前资源库平台的功能很多,但是进入之后的操作比较烦琐、效率低。比如新建一门课程,引用资源时需要花费比较长的时间寻找资源,而且由于缺少资源编码规范和资源命名规范,一些资源不能被使用。因此,在制定相关标准时,要规定建课模块的具体的基本功能。

2. 作品分类及标准

按照目前国家的分类,教学资源分为以下八个种类。

(1)媒体素材。

媒体素材是传播教学信息的基本材料单元,可分为文本类素材、图形(图像)类素材、音频类素材、视频类素材、动画类素材五大类。

(2)网络课程。网络课程是按一定的教学目标、教学策略组织起来的,通过多媒体表现的,在网络环境下运行的某门课程的教学内容及实施的教学活动。

(3)试卷素材。

用于进行多种类型测试的典型成套试题。

(4)课件。

课件是用于对一个或几个知识点实施相对完整教学的软件,根据运行平台,可分为网络版的课件和单机运行的课件。网络版的课件需要能在标准浏览器中运行,并且能通过网络教学环境被大家共享。单机运行的课件可通过网络下载后在本地计算机上运行。

(5)教学案例。

案例是指由各种媒体元素组合而成的有现实指导意义和教学意义及代表性的事件或现象。

(6)文献资料。

文献资料是指有关教育方面的政策、法规、条例、规章制度,对重大事件的记录、重要文章、书籍等。

（7）常见问题解答。

常见问题解答是针对某一具体领域最常出现的问题给出全面的解答。

（8）资源索引。

列出某一领域中相关的网络资源链接和非网络资源的索引。

资源的分类对后期资源的使用有重要意义，所以需要有严格且便于操作的分类标准。在以上分类中，有些资源可能同时属于几个分类，比如一个教学案例是媒体资源也是文献资料，分属不同类别的资源需要有多个识别标签。

物流管理资源库所在的智慧职教平台曾经制定过系列的规范，解决的目标是资源本身的质量问题，对资源的分类并没有进一步的详细阐述。

3. 教学标准及实现过程审核

在教育领域，从来就没缺少教学标准，人才培养规格、课程标准非常多，在百度文库搜索关键词"课程标准"，有相关结果 11 464 761 条。在这样庞大的信息量面前，我们一般只能选择不去选择，还是自己做一个标准更容易。为什么我们有这么多的标准，到目前还是没有大家都认可的标准，为什么没有？作者经历了我国高等教育从改革开放至今的发展过程，对此有一定的了解，姑且分析一二。我国高等教育一直以来都有行政的色彩，一方面要抓教育，另一方面要抓政绩，学校在教学文件的制定过程中，尤其是制定会被外界或者管理部门看到的文件的过程中，学校往往好大喜功，所以，各个学校制定的教学标准要求都很高。但是过高的标准要求导致执行困难，于是，在执行的过程中再放水。课程标准制定得往往很笼统，目标定得高大上，之后的课程整体设计再虚构所谓的各种理念来呼应课程标准，在课程的单元设计中做简单的设计，以使得教学能够开展，在执行单元设计的时候再次放水，教师不完全按照设计上课。这样就虚构了一个高大上的教学体系，而这个体系与实际的操作不一致。一直以来，我们把简单的事情做得非常复杂，我国目前高职的教学理念已经把全世界的前沿的新理念都用上了，而且大家都表示自己用得很好，成绩显著，但是我们的教育水平却得不到世界的认可，这个现象也许不是单纯存在于教育领域，但是教育领域存在这样的现象可能会影响到我们后面的几代人，对国家和民族的发展极为不利。

解决这个问题的关键在于让政府和学校能够务实，同时政府需要直接指导并参与制定基础性的标准，这些标准由政府委托行业和学校制定，之后由政府认可发布，政府需要和被委托方共同对标准的质量负责以避免走过场。

由于我国仍然是发展中国家，在物流管理和操作方面都比发达国家落后，考虑到企业的实际情况，我们应该制定符合多数企业操作的基础标准，同时可以在标准的后面增加少数先进企业才能做到的拓展内容。

让学校务实就要改变政府对学校的管理模式,给学校更多的自主管理权限,避免用繁杂的指标去监控学校,以免让学校成为为指标奋斗办学傀儡。学校的办学在市场的检验和反馈过程中自然向好的方向发展。国家的标准是由行业制定的,自然能得到行业企业的认可,接下来的关键就是学校是否能够用有效的教学过程将标准执行下去的问题。考虑到全国高职教育的地区差异和地区之间的经济结构差异,在贯彻标准时需要考虑的是,第一,有一个建设团队,能够将国家的标准落实,形成有效执行标准的设计。教学设计需要经过演示及评审,最终成为成熟的教学设计参考。第二,对执行标准的效果要有一个评价方法。比如一名教师设计了一个教学过程,有其自身的特点和个性,我们应该鼓励这种个性,但是要对他这个设计有一个评估。也就是说,所有的个性的设计都必须在强制的标准框架内进行,教学设计必须能够完成标准要求的教学目标。这一点我们可以借鉴国外专业认证的方法。

4. 资源库的效果审核标准及程序

国家已经投入了大量的人力物力来建设资源库,已经建成的资源库目前都已上线使用,到底效果如何呢?我们先看一下监测指标,以下是资源库检测层用过的监测指标体系概要。

表6.1

监测数据类别	具体条目
用户基本信息数据	用户账户名,用户实名、性别、出生年月、所在单位、专业、身份(职位)、电邮、电话、所在省市、注册时间
课程信息数据	课程编号、名称、所属专业、类型、授课教师信息、简介、创建(更新)时间
题库信息数据	专业名称+题库标识、题目总数量、客观题数量、主观题数量、每个题目被使用(测试、练习)次数、题目使用总次数
资源素材信息数据	资源编号、名称、所属专业、对应知识点/技能点、关键词、适用对象、资源总量(总条目数量、总数据量)、资源格式、各类格式占资源总量(总条目数量、总数据量)比例、使用语言、创建时间、资源更新次数
课程(模块)引用素材关系数据	课程引用资源总量、次数
用户行为日志数据	用户账户登录次数、登录IP地址、访问设备(PC端、移动端)、访问课程编号、访问课程具体内容模块、访问资源库内容模块(课程、题库、论坛等)、其他用户动作(下载、上传、浏览、发贴等)

从表格中的监测指标可以看出,监测主要关注的是用户是否在用,用户数量如何。毋庸置疑,"有人用"这样的结果通常说明资源库是起到了一定效果的。但是因为这些监测指标是用来考核资源库建设单位的,按照教育部的要求,监测结果不好有可能会影响到资源库建设团队所有单位今后国家项目申报,也就是说,会影响到这些学校的管理政绩。因此,为了数据而应用、为了数据而凑数据的现象不可避免,而且在现有管理操作模式下几乎无法解决实质问题。

要解决这个资源库的效果审核问题,关键仍然在标准,我们如果有权威的标准,那么我们只要知道资源建设者建设的资源能否有效地实现标准中的目标即可。我们可以要求资源的制作必须围绕着标准,让每一个资源都有一个明确的目标,我们抽查一些资源,审核资源实现目标的效果,之后做出客观的评价。这样的资源我们根本没有必要去考核它的使用次数,也没有必要去考核用户人数等项目,资源库的推广和使用是一个自然而然的过程。

二、构建智能化物流管理教学资源平台体系

2017年7月国务院颁发的《关于印发新一代人工智能发展规划的通知》中提出了"智能教育"的建设目标,即"利用智能技术加快推动人才培养模式、教学方法改革,构建包含智能学习、交互式学习的新型教育体系。开展智能校园建设,推动人工智能在教学、管理、资源建设等全流程应用。开发立体综合教学场、基于大数据智能的在线学习教育平台。开发智能教育助理,建立智能、快速、全面的教育分析系统。建立以学习者为中心的教育环境,提供精准推送的教育服务,实现日常教育和终身教育定制化"。从这个表述中可以看出,现在说的智能教育是利用人工智能技术的教育,是人工智能融入教学过程的一种教育方式,是应对未来人工智能影响的国家战略。美国《国家人工智能研发战略规划》提出了七个战略规划,第七个战略是"了解美国人工智能的人力资源需求",把人工智能环境下人力资源的研究上升到国家战略层面,足见其受重视程度。作者认为,人工智能会在未来几年大规模影响到我们的生产和生活,人才的培养及企业员工的培训将成为约束地区经济发展的瓶颈,智能教育是突破瓶颈的关键。

1. 为什么构建智能化物流管理教学资源平台体系

美国白宫2016年12月发布的报告中提到,未来10到20年,因人工智能技术而被替代的就业岗位数量将从目前的9%上升到47%。浙江是国内经济发达地区,是人工智能应用层发展领先的地区,因此也会成为受人工智能冲击比较大的地区。目前国内外的研究多数集中在人工智能会影响哪些行业,是会增加就

业岗位还是会减少就业岗位,缺少人工智能将如何影响一个行业或者一个地区等方面的研究。回顾历史,每一次工业革命都会消灭一些就业岗位,同时也会再产生一些新的岗位,都会造成旧岗位职员的失业,同时造成新岗位人才的紧缺。如果一个地区的教育体系能够在变革中培训失业人员,帮助他们再就业,同时能够培养出新岗位所需要的人才,那么这个地区就会在变革中变得强大。因此,浙江需要一个面向未来的智能教育体系。

人工智能给教育界带来一个重构教育体系的机会,这个机会产生的原因是企业无法独自完成自身员工的培训,因为人工智能衍生出来的新岗位也许需要多种学科的知识,而且员工的培训越来越个性化,企业无力应对。同时,企业也无法从学校获得适合自己需要的毕业生,因为学校的教学跟不上企业的创新速度。智能教育的优势就是提供个性化培训教学,智能辅助下的教育过程将能够满足企业的需要,企业的创新项目及时进入智能教育系统能够保证教学内容的及时更新。人工智能会让企业利益与学校利益在人才问题上空前的一致,这个一致性预计能够解决一直困扰我国的终身教育问题。

2. 智能化物流管理教学资源平台体系基本功能

人工智能分为基础层、技术层和应用层。基础层的人才属于精英人才,培育过程需要特殊的环境,本文不做讨论。技术层和应用层人才的需求数量更多,培养过程更容易控制,所以本文智能教育体系拟解决的是技术层和应用层人才的培养问题。

现代教育虽然有各种先进的教学系统,但是,教育的内容往往是成熟的技术。在应用层面,企业通常走在教育的前面,这种状况导致学校的毕业生不能满足企业的需要,企业通常需要对人才进行二次培训。在企业应用人工智能的过程中,原有的部分职工无法适应新的岗位,走上再就业的道路,加大了社会培训的压力。有培养价值并可能适应新岗位的职工也需要参加培训才能上岗,增加了企业培训的压力,在目前人工智能在省内企业界的应用范围不大的情况下,问题尚未充分显现。一旦人工智能应用爆发式增长,后果预计会比较严重。因此,要建立的智能教育体系应该能够解决以上问题,具有如下功能。

(1)能够规模化培养企业所需的人工智能应用人才,以满足爆发式人才需求。这个培养人才的主体是学校,培养对象是全日制的学生。

(2)能够及时吸纳企业下岗职工,对其进行再就业培训,以解决失业和再就业问题。这个培训的主体仍然是学校,培训对象是零散的、学习基础和学习目标各异的下岗职工。

(3)能够对企业在岗职工进行升级培训,以解决企业升级问题。培训的主体是学校和不同的企业,培训对象是企业内拟从事人工智能相关岗位工作的职工。

3. 智能教育体系的平台运行方式

(1)主体结构及运行。

智能教育主体包括学校、企业两类主要的主体,也可以有社会培训机构及政府人力资源管理部门。学校主体负责智能教育体系的建设,企业主体负责提供人工智能应有案例及提供师资等。智能教育体系以加盟的形式吸收会员,学校主体加盟后有责任分担建设工作,企业主体加入后有责任为联盟提供必要的资源,各类主体受联盟协议的约束。

(2)教学内容更新及保障。

学校首先需要建立一个基本的智能教育框架,建立之初就要有企业的参与,首先为联盟会员提供服务,同时,智能教育体系需能够用于学校的日常教学。学校根据企业界人工智能人才的需求数量及时调整专业设置及专业培养方向以及内容,以满足不断变化的个性化需求。企业员工的个性化培训则委托学校完成,根据培训的复杂程度,学校收取一定的费用。教学内容在企业员工培训内容的不断变化过程中实时更新,学校教师在培训企业员工的过程中不断更新知识和提高技能水平,在校学生实时跟进,学习新的人工智能影响下的专业知识和技能。保障及时更新的关键是对企业知识产权的保护,让企业愿意提供新的项目作为教学内容。因此,需要在联盟中建立完善约束机制,除了签订产权协议之外,还需要制定严格的制裁机制。

(3)学习者分析与教学资源包。

智能教育与传统教育的根本区别是根据学习者的特点,智能提供个性化的培训,为学习者提供学习的路径并为之规划职业生涯。为此,智能教育体系需要各类专业、行业职业生涯发展过程中所需的知识和技能数据,这些数据通过大数据分析,智能产生培训方案。因此,也就需要数量庞大的教学资源包,这些资源包是智能教育教学的基础。

(4)智能教学助理与教师的互动。

智能教育体系如果还是按照传统的培训方式,组织企业员工以班级的形式开展培训,那么学校将不堪重负。解决方法就是使用智能教学助理,一般性的知识和技能将由智能教学助理完成。在通过学习者分析,制定了培训方案之后,培训将由智能教学助理和学校的教师分工协作。教师负责非常规的、前沿内容的教学。

(5)学校和企业共享人才利益。

在智能教育体系中,学校教师将参与到企业创新之中,企业的管理者及工程技术人员将参与到学校教学之中,二者的界限将越来越模糊。人才共享会将人工智能的研究、教学及应用捆绑在一起,这个体系能够快速消化人工智能的新技术并将之转化为生产力。在应用人工智能技术的过程中,高水平人才聚集将快速解决各类问题,产生新的人工智能技术成果。

资源库平台在未来可以向这个方向努力,将资源库变成智能资源库,融合社会及企业的资源,让全社会与教学资源相关的主体在平台上互动并受益。

附录一

职业化轮岗训练课程内容和教学要求

一、仓库整体流程及操作步骤简述

1. 输单房接单：接送货司机在门卫领取进仓小票，按序号接收司机提供的进仓单，输单前检查进仓单上需提供的内容是否清楚齐全，主要包含以下内容：进仓编号、件数、送货单位、货物品名、商品编码(HS编码)、唛头、运输车号、联系电话。

2. 仓库理货员：接到送货司机的进仓单后，首先要核对车牌号码是否与进仓单一致，确定无误后方可进行下一个操作步骤。理货员在理货时确认正确的唛头、体积、件数并做好相应记录，再标注进仓编号、托盘序列号，如有多种唛头或包装不同的也应注明。检查货物是否完好无损，如发现有包装破损或是有油渍等，应及时通知库长或仓库保管员，如没有发现任何异常情况，订上小票以示此票货物进仓流程完成。

3. 铲车工操作：铲车工接到理货员通知后，按理货员及仓库保管员的要求，将货物整齐堆放在理货员指定的仓位，卸空一票货物后必须将此票货物全部拉入库内，方可确认此票操作完成。

4. 仓库保管员：接到理货员的进仓单后，对入库货物的进仓编号、包装件数、小票进行核对，并做好进仓货物的在库保养工作。发现库内有货物侧倒或有轻微破损的纸箱应及时修正，移过位的货物应该及时复位，严格做好在库货物的防盗防火工作，提前做好需装箱货物的出仓核对工作。

5. 配单室操作：按货代指示提箱，按箱属特点用托单、设备交接单或装箱单到各指定堆场提箱，检查箱单的准确性：船名、航次、提单号、箱型、提箱专用章，并输入内集卡系统。提箱单送到送输部通知提箱并做好箱单交接记录。注意提箱时间、提箱速度,特别是较急箱子要及时跟踪提箱进程。整理提来的箱子,核对箱封号,录入自用箱并注意箱子的准确性:提单号、箱号、箱型、箱属、封号、L/F(拼箱/整箱)、船名、航次、进场时间。书面形式通知货代箱封号,此前先在电脑上校正箱号,对于存箱进行记录查询。

6. 装箱理货员:装箱理货员接到装箱指令后需将其中一张装箱单交给仓库保管员,由仓库保管员安排铲车工按装箱单上的内容做好装箱货物的准备工作,装箱理货员根据货物的实际情况与装卸工、铲车工达成装箱顺序,装箱理货员完成装箱作业后,把装箱单和小票一起交于装箱班长,装箱班长对理货员上交的装箱清单进行审核。审核无误后将装箱单交回配单室。

7. 配单室审核:配单室对装箱班交付的装箱清单和小票进行再一次核对,确认无误后交给内集卡调度。

8. 内集卡调度:内集卡调度在接到配单室交给的重箱箱单后进行电脑登记,然后按船期和急缓情况进行车辆调度,集卡司机必须依据箱单核对需拉重箱的箱号和封子号,核对无误后将重箱及时进港。

以上 8 个环节是物流行业仓储段从货物进仓入库到装箱后出运的简要流程介绍,下面详细介绍各个岗位的操作流程、易发差错环节、注意事项、避免和预防措施、差错导致后果的严重性以及各岗位典型案例分析。

二、各岗位操作流程及注意事项

1. 输单操作流程及注意事项:进仓输单

(1)在输单中,要求提供的内容清晰,有未提供的,耐心与司机解释,要求司机重新在进仓单上填写完整方可办理进仓手续。注意不可与司机发生冲突,仔细检查送货单上的送货地址是否为本公司,以防其他单位的货错进仓。

(2)检查完毕后,按司机提供的进仓单上的内容在电脑上进行输单操作,首先鼠标点击新增,在表格内输入各种信息,必须要熟悉各货代的进仓编号、整箱拼箱区分、各仓库号区分,如:进仓号 KY31100,此进仓编号的货是宁波××货运代理有限公司的拼箱货,进本公司的三号仓库。

(3)信息输入电脑后,鼠标点击保存,再点击打印,打印出来的货物入库凭证再次与司机提供的进仓单上的各项内容进行核对,以防进仓编号输错,导致查不到货,确认无误后,把打印出来的货物入库凭证与司机提供的进仓单订在一起,交给门卫,同时通知司机货物进几号仓库,到门卫排队取单进仓。

(4)对于同一输车上多票货物的单子,需在电脑上选择进仓单打印格式,选择"一车多票货物",再打印进仓单。

(5)凭送货司机提供的入库凭证上的理货信息,核对实收件数是否与预进件数一致,包装是否与预进时有更改,如:原来纸箱(CT)包装的,理货员已改为托盘(PU)包装。若有,需立即在电脑上更正,按入库凭证上理货员丈量的体积,在托信息上输入长、宽、高的货物尺寸,切不可输错。输好以后回到进仓常规处,再次核对电脑上和入库凭证上的件数是否一致,然后在收费方式上选择该票货物的收费方式,打印发票,开具出门证,在出门证上注明车号、是几号仓库卸完的车辆、车上所载货物是否为空车等内容。若是重车离开仓库,按理货员记录的数据在出门证上注明,以便门卫查看,同时货物入库凭证取下一张(第二联),盖章后与出门证一起交给收费人员,最后将另外一张入库凭证(第一联)与送货司机提供的进仓单订在一起存档。收费人员收费以后,将回单、出门证、发票一起交给司机,通知司机进仓完毕。

(6)按入库凭证(第一联)上的理货信息,在电脑查询栏输入该票货物的进仓编号,精确查找,找到该条记录后,核对件数、车号、送货单位,确认无误后,输入理货员手写的唛头、卸货仓库位置、理货员、铲车工姓名、货物的板数、准确计算好体积数,检查司机是否在入库凭证上签名、实收件数是否与预进时有更改。必须注意若实收件数有改动或包装有更改的,需立即在电脑上更正,对于理货员记录的超长、超宽、湿箱、破损等情况需在备注栏注明,把仓库卸货位置输成0位0列,然后在备注上输入卸货位置,以便配单员及时发现异常情况,同时也可避免倒箱等情况的发生。

输单操作中最容易犯错的环节在哪里?后果会是什么?

(1)输进仓单时没检查进仓地址,把其他仓库的货误进我仓。其后果轻则引起货代投诉,要我公司承担驳货所引起的一切费用;重则引起退关,因为这批货从工厂出来时,货代公司或仓库已经去催过厂家,要求这批货马上进仓,急着报关,这样一进错仓,然后加上驳货过程中所浪费的时间,箱子已经截关,自然这批货也就退关了。

(2)输进仓单时,进仓编号输错。在输进仓编号过程中漏输或多输一个数字或一个字母,其后果是对货过程中按进仓编号查不到这票货,而需要通过其他途径查找:按件数查找或者找原始单据来确认这票货。有时也会因此而影响这票货的顺利出运。

(3)输进仓单时 HS 编码(商品编码)漏输。其后果可能会引起个别货代投诉。

(4)输单时托的数量信息输错。按件量的货输成按板量,导致立方输少,如果配单员在对货时未发现,极有可能引起箱子装不下而要倒箱,如果把按板量的货输成按件量会导致立方输多,其后果会引起货代不满投诉。

(5)输单时仓位漏输。仓位漏输会导致装箱时找不到货,而要通过查找原始单据来查找货位,浪费时间。

如何预防和控制输单岗位的差错?

(1)首先,输进仓单前必须检查进仓地址是否正确,正确后方可进行输单。然后将打印出来的入库凭证上的进仓编号和进仓单上的进仓编号进行校对,核对无误后将进仓单和入库凭证订在一起,交给门卫。同时如果货代单位是开源的话,在输进仓单前可以先检查是否有商品编号。

(2)输回单时输入完托信息后检查长、宽、高的数据是否输入正确。如果数据输入正确再检查托信息中的总体积,看是否有一板货体积特别大的或特别小的。如有体积特大的就要检查是否有按板量的货输成了按件量,如有体积特别小的则要检查是否有按件量的货输成了按板量。

(3)另外每个班下班前将当天进仓的各个仓库的每一票货都通过电脑检查一遍,看看是否有没输仓位的,以便减少类似错误,甚至杜绝类似错误。

(4)其他注意事项。

①发现入库凭证上理货员记录不清、不全时及时与库长、保管员取得联系,不能擅自估计。

②全部输入完毕后,鼠标按进仓确认键,电脑自动保存内容并进仓确认。

③按规定整理好入库凭证,分清已输和未输的单子,避免混错导致漏输。

④把整理好的入库凭证提交配单室保存,整理每天的出门证,并做好存档。

要求:对每一位送货司机做到有问必答,言语文明,不和客户吵架,凡事主动与司机沟通,注意说话语气与方法,及时给送货司机办理进仓手续、签回单,努力掌握本岗位的业务知识,提高业务水平。

2. 卸货理货员操作流程及注意事项

理货员应主动接受送货司机的进仓单,指挥车辆合理停靠,核对车号以及仓库号,安排合理的库位,指挥并监督装卸工卸货,完整并正确地填写好进仓单上的各项数据,一层层地点数,贴小票,量体积,指挥铲车工铲到指定的库位。

卸货过程中有几点注意事项:

(1)监督装卸工正确码货:如有易碎品标志的应轻拿轻放,有箭头的按箭头放置等。

(2)量体积应尽量准确,能按件量的尽量按件量,如整板量的应取中间值(减去货物与货物之间的缝隙)。

(3)如遇超长、超高、超宽的货物则应在进仓单上注明。

（4）易碎品、严重变形、破损、液体、贵重物品、纸箱潮湿、有油渍等货物需出保函。

（5）若遇进仓单上的件数与实际件数不符的需打实收。

（6）贵重物品、保税区货物应放在指定位置，并且在进仓单上注明，保税区货物要写上关封号。

（7）若纸箱潮湿、严重变形、破损、有油渍等，需更换包装，则进行包装更换，并在进仓单上注明（需退回的则退回，需出保函的则出保函）。

（8）散货（未靠板的）及托盘必须用唛头笔写上进仓编号及件数、托数。

（9）如遇到超重或需付困难作业费的货物，应通知驾驶员支付困难作业费，然后再进行作业，超重的货物要在进仓单上注明。

3. 特殊货物的进仓要求

货物进仓时，理货员对以下几种特殊货物应严格把关并及时做好各项记录，必要时通知各相关部门。

（1）仓库必需货代出具保函的货物。

①明显发现外包装破损、变形，纸箱上有油污、有受湿现象，托盘倾斜、托盘有被雨淋湿，纸箱有被打开过痕迹，明显感觉包装里面的货物没装满（只有半箱等）。

②桶装的液体货物。

③易碎品货物。

④超宽、超大、超长、超重货物。

（2）遇到以上货物时，具体操作的九个方法。

①理货员发现有此类货物需在进仓单上注明货物情况，如："货物严重破损"，通知司机签字。

②及时通知库长或保管员，库长或保管员必须亲自检查货物并填写联系单给配单员，写明日期、进仓编号、件数、品名以及货物的状况、需出具什么保函。

③配单室收到仓库开具的联系单后，在联系单回复联上签名盖章后交仓库带回。

④仓库收到配单员联系单上的签字盖章后，即可安排卸货。

⑤配单员按仓库提供的联系单内容，及时通知货代需出保函货物的情况，但注意，在货物装箱前一定要收到货代出具的保函。同时在电脑上注明"保函已出"的说明。

⑥晚上配单员下班时，仓库操作方法同上，联系单于第二天早8点前送到配单室签字确认。

⑦遇星期六或星期天货代休息,配单员无法确认保函的情况下,必须先电话通知货代操作或主管,才能装箱。

⑧事后发现应该出具保函的货物但未出具的,经查证后若是仓库未通知配单员出具保函则责任归仓库,若配单员未通知货代的则责任归配单室。

⑨出保函货物不能出现让司机来回跑,而各部门之间互相推卸责任现象。

(3)需在进仓回单上注明情况的货物。

①发现外包装轻微破损、变形,纸箱上轻微有油污、有轻微受湿现象,托盘轻微倾斜、托盘轻微有被雨淋湿的,需在进仓回单上注明,并需送货人员签字。

②发现桶装的粉末状货物,需在回单上注明"此为粉末状货物"。

③发现易变形、易破损货物在回单上注明,并需送货人员签字确认。

(4)需拒绝进仓的货物(需通知配单室联系货代)。

①危险品货物。

②发现外包装严重破损、变形,纸箱上油污特别严重、严重受湿,托盘严重倾斜无法打托。

③拼箱无唛货物。(必要时送货人员经过联系后可以直接写上,但必须在回单上注明"无唛货物,唛头为送货人员自己写上"的说明。)

④超过集装箱的宽度、长度,超过普通集装箱高度的货物,通知配单室联系货代。

理货员在无法判断是否可收货的情况下,立即通知库长或保管员,严格控制进仓货物的质量。

(5)特殊货物、特殊服务收费标准。

①超重货物(7吨大铲车可铲的货物),每件货物超过2.5吨,每吨加收100元,0.5吨加收50元。(7吨以上的特殊情况另外协商。)

②不超重,但因超长、超宽、超大难以作业,需要7吨大铲车作业的货物每件加收100元。

③工厂、外贸公司来仓库翻工的,2小时以内(含2小时)收取场地费20元,2—4小时(含4小时)的收取场地费50元,4—8小时(含8小时)的收取场地费100元,货物铲车移位费每立方8元。

④托盘加固费40元/托,需我司提供塑料薄膜的另加收20元/托。

⑤分唛费2元/箱。

⑥集装箱装货进仓(不能收取吊机费),20GP收费300元(超过15立方以上),40GP、45GP收费600元(超过30立方以上)。

⑦托盘货物铲车齿叉不到,需要拉出来些才能卸货的货物每托加收10元。

⑧进仓卸货费(现金收取):普通货物5元/立方,托盘货物10元/托,非单

人货物10元/立方（指一个人无法搬运的货物）。

(6) 货主验货操作要求。

①货主验货必须有人热情接待，为客户解决问题。

②要求验货货主提供配单室开具的联系单，以及进仓编号、件数、品名等相关信息。

③每票货物做好登记手续，要求验货人员填写：日期、进仓编号、件数、品名、验货人员单位名称、姓名、联系电话。

④保管员陪同验货人员找到货物仓位，随时注意验货动态，为货主解决问题，若货主需要提供验货工具，尽量给予满足。

⑤验货结束到仓库查看货物情况。

⑥验货完毕要求验货人员再次办理完毕手续，并在电脑上备注验货日期（月、日），验货人员若有取样，需在登记本上注明，说明数量，并在电脑上批注。

⑦在验货的联系单上签名，并记录验货情况以及有无取样。

(7) 海关查验货物操作要求。

①货代提前一小时通知配单员哪票货物需海关查验。

②配单员接到货代通知后立即写联系单交给仓储科科长，注明进仓编号、件数、唛头、位置，要求仓库立即查看货物的实际位置。仓储科长收到联系单后将其中一张签名交还配单员。

③仓储科长收到联系单后立即通知仓库，落实货物的位置，及时在电脑上修正。

④配单主管陪同海关验货人员到仓库，与库长或保管员一起到仓库落实货物，海关验货开始后，移交给仓库保管员现场跟踪及配合海关验货工作。

⑤对已经装箱的货物，海关要求查验时，仓库需在第一时间立即安排倒箱。

⑥在6号库、7号库的货物配单员接到通知后立即通知业务科业务员进行驳货，业务员需在第一时间立即安排驳货，驳货过程中，询问仓储科长卸几号仓库，仓储科长通知该仓库尽快安排卸货。

4. 铲车工操作流程及注意事项

铲车工接到理货员通知后，按理货员及仓库保管员的要求，将货物整齐堆放在理货员指定的仓位，卸空一票货物后必须全部将此票货物拉入库内，方可确认此票操作完成。在具体操作过程中，要严格服从仓库保管员和理货员的指挥，在确保安全生产的前提下，尽可能以最快的速度进行装卸货物作业，按照铲车工操作规范，确保被运货物完好无损。在进行装箱作业仓库内铲货时，如周边货物不慎被铲车勾倒，铲车工应立即将被勾倒的货物归回原处，避免在库货物因串位而造成错装漏装。

(1)铲车操作流程。

①铲车司机应服从现场指挥,配合理货员、仓库长和保管员的各项工作。

②卸货事先准备空木板。

③按理货员指示铲货卸货,及时将卸下的货物放置于指定位置并根据仓库铲车道将货物堆放、排列整齐。

④卸货时应看到堆垛小票才铲进仓。

⑤铲货过程中遇货物倒掉、掉落到其他货物上等现象时应立即重新垛码整理,若货物倒掉数量太多,应立即叫装卸工进行整理,严禁货倒走人。

⑥铲车工在堆放货物过程中,严禁将货物放在消防通道进出口等位置上。堆放货物时靠近墙的第一板货,不能紧贴墙壁或护栏,需留一定位置,以防货物推挤时损坏货物或墙壁。

⑦移位出来的货物及时复位,在确实无法复位的情况下通知保管员或库长在电脑上修改位置,同时在装脚卡和小票上进行修改。

⑧在仓库行驶中需谨慎,协助库长、保管员做好货物在库保管工作。

⑨出仓装箱时,同装箱理货员达成装箱顺序一致,根据配载清单上的各项内容找出相应的货物,把货物交给装箱理货员,交接时若装箱理货员发现有问题,需当场确认,并通知当班库长或保管员。

⑩铲车带货行驶时,速度不能太快,不能急刹车,铲车与垂直线小于90度方可作业,防止货物倒塌,如货物堆放太高,超过视线时,应倒退行驶。

⑪全部装箱结束后,铲车工及时整理空木板和铁板,放于指定位置。

⑫作业完毕后,铲车应定位停放,取出钥匙并上交库长。

⑬发现有偷盗海关监管货物行为的,一经查处,交公安机关,并移交海关监管科处理。

(2)铲车维护。

①上班前检查机械情况,包括水、机油、燃油、液压油、轮胎、气压、仪表、刹车等项目,并认真填写相关记录,需要修理的车辆不得继续使用,且挂上标示牌,拿掉钥匙,通过库长或保管员报技术部检修。

②起动之前,一定要处于"空挡"位置,手刹要锁定,冬天要先预热发动机。

③车辆出现异常情况,应立即停车检查,经修理并确认后方可继续作业,如有故障应及时送修理厂维修。

④当油箱正在加油或电池正在充电时,发动机要停止,而且铲车需停在通风良好的地方,要远离弧光、火花、火焰。

⑤定期对铲车进行保养和日常维护,如:每天需上转向轴润滑油,每星期定

期清洗铲车等。

（3）铲车作业要求。

①集中精力，小心操作，禁止铲车载人，如配合高空作业，要加铲板载人。

②铲运货物时一定要有铲板或垫板，要平稳可靠，重心居中。不用铲齿挑翻货物装卸，铲运高大、贵重货物要小心，不要铲装不稳或松散堆放的货物。

③起升货物，要使货物处于低的位置，应使升降架垂直于地面或稍向后倾斜，除了堆累的需要之外，不要提升货物。

④不要突然起动、停车或急转弯，转弯时要鸣笛。

⑤在十字道口或斜面上行车时要慢行。

⑥在离开铲车之前，铲齿和附着物要降低到地面，进退杆置于空挡位置，钥匙开关打到关位置上，铲车不要泊在斜坡上。

⑦铲车叉取托盘时，叉齿要保持水平，不应上下倾斜。

⑧铲车必须对准叉孔，垂直于托盘，不应斜着进出托盘。

⑨不准用叉齿推移、拖拉托盘。

⑩禁止非铲车人员私自驾驶铲车。

5. 仓库保管员操作流程及注意事项

（1）货物进仓验收。

根据仓库货物放置情况，合理利用仓库面积，维护仓库秩序。

①配合门卫做好卸货车辆放车工作。

②安排卸货车辆合理停靠。

③监督检查装卸工货物搬运状况，发现有乱扔乱放以及未按货物要求堆放的情况，立即当场指出，并做好记录报库长。

④随时抽查理货员卸货的各项工作，查核每托货物是否都填写码垛小票、件数、唛头、体积丈量、托序号，且是否正确，检查货物是否放于指定位置。

⑤卸货过程中理货员发现货物实际件数与进仓单不符时，要亲自清点查看货物，确认无误后方可签名修改。

⑥卸货时理货员在无法确定货物变形、破损、水湿、油污、包装不好等情况时，保管员要到现场查看确定，并指导理货员工作。若货物需出具保函，保管员必须根据货物的实际情况填写联系单，并对驾驶员解释如何操作，保管员无法确定时，报库长解决。

⑦监督检查铲车工是否将货物放置在指定位置，并检查铲车工是否将货物堆放排列整齐。

⑧检查堆放在场地上的货物状况，没有外包装的托盘、服装以及贵重物品不

能放在场地上。

⑨对于液体、易碎品、严重货破、货损等需出具保函的货物抽查是否出具过保函。

⑩特殊货物需要大铲车作业时需联系相关部门尽快解决。

⑪对理货员上报的信息,整理后及时交库长。

(2)货物在库保管工作。

①货物在库保管时,注意阻止闲杂人员进入仓库,有外单位验货人员等因工作需要进入仓库时需做好入库登记手续。

②随时注意货物堆放情况,发现堆放货物倾斜、倒塌或堆放不合格时,及时通知装卸工班长整理货物(需保管员陪同进仓库)。

③发现有破损等情况的,及时采取措施,及时粘补并做好破损书面记录报库长。

④发生事故、差错时,应及时赶往现场处理,并记录事情经过与状况,有损坏仓库财物者,应及时指出,并上报库长。

⑤经常巡查仓库,掌握仓库状态,并做好仓库巡查的书面记录。

⑥预防货物受潮、破损,做好防火、防盗、防潮、防雾、防腐工作。

⑦每天整理仓库,保持仓库、货物清洁整齐。

⑧检查货物移位、复位情况,如发现此类情况,在装脚卡和码垛小票上修改,并及时在电脑上更正,保证每票货物堆放位置的准确性。

⑨每星期库存货物盘点一次,及时发现存在问题。

⑩存放在仓库的托盘货物因仓库原因损坏需重新打托加固时,到配单室开联系单,在联系单上说明原因并签名。

⑪货物进仓后,经过打托,或一票里面部分货物出仓以后发生件数更改的,保管员需重新填写垛码小票,并在装脚卡上做好修改记录。

⑫每个月库长组织对仓库进行一次货物盘点,与电脑数据进行核对,并填写仓库盘货情况记录表。

⑬负责仓库关门、开门工作,下班前做好各项检查。(6号仓库关门由门卫关门,但需库长或保管员陪同监督。门关好后钥匙交还保管员或库长,责任由仓库承担。)

(3)货物出仓工作。

接收装箱班递交的出库装箱单(或出仓单),进行确认后交理货员和叉车工。

①监督叉车工铲货情况,发现货物掉落、倒掉及时通知装卸工垛码。

②监督叉车工货物移位、复位、货物铲破损情况,一有发现立即指出,并做好

书面记录上报库长。

③协助叉车工查找货物库位,若发现货物不在原位时,保管员负责查找货物实际位置。

④装箱时发生货物包装破损、被盗、短缺现象时,接到装箱班通知后,及时到现场查看确认后签字,并做好书面登记工作上报库长。

⑤装箱时发现装脚卡、小票遗失但装箱班难以确定货物时,保管员立即现场查看,确认后签字。

⑥配单室通知有需要直接装箱的货物时,优先安排卸货车辆进仓,必要时可以安排到装箱区卸货,以方便装箱。

6. 配单员操作流程及注意事项

以下是龙星物流有限公司配单员操作流程,配单员工作的特征是:认真、仔细、有责任心,做到口勤、手勤、腿勤、主动、热情、有礼貌。

(1)名词解释。

货代——货物进出口代理商。

场站——集装箱储存管理商。

港区——本地区货物进出口流通码头。

船名——承运进出口货物集装箱船舶的名称,一般一艘船舶只能有一个船名。

航次——集装箱船舶的航行班次。

中转港——货物海运尚需中转的港口。

目的港——最终到达港口。

设备交接单——集装箱所有人与使用人之间交接及承运的凭证。

装箱单——出口重箱在运输过程中记载集装箱及箱内货物具体资料的凭证。

提单号 B/L——目的港货主提货凭证的编号。

集装箱——用金属材料制成的具有国际标准规格的货物容器,我公司常用的集装箱主要有,小箱:22G1(装货体积在 28 立方米左右),平箱:42G1(装货体积 58 立方米左右),高箱:45G1(装货体积 60 立方米左右),超长箱:L5(装货体积 78 立方米左右),冷冻箱:45R1(装货体积 60 立方米左右),一般小箱又称标箱(TEU),1 个大箱合 2 个标箱。

集装箱号(箱号)——集装箱上固定的编号,一般由两部分组成,即 4 位大写字母和 7 位阿伯数字,箱号是具有唯一性的集装箱标识。

铅封号——集装箱装货后为确保货物的安全所使用的一次性锁号,与箱号一样具有唯一性。

箱型——集装箱规格的具体尺码。

箱属——集装箱营运人的代码。

进仓编号 S.0——货物进入仓库后的代码。

PO——Production Odrder,定单号,是目的港客户给国内供应商签订的采购货物单证的号码。

唛头——货主在货物外包装上标明的记号。

HS 编码——有关部门对商品分类的编码,便于报关过程中的信息处理。

整箱 F——FCL,集装箱内所有货物以一票报关的(先进港后报关)。

拼箱 L——LCL,集装箱内货物以多票报关的(先报关后装箱进港)。

船名代码——船舶名称的编码。

UN 国际代码——船舶名称的国际编码。

熏蒸——木制品以及木质包装物可能存在的微生物的杀灭办法。

EDI——Electronic Data Interchange,电子数据交换,通过 EDI 将货物情况以网络传输给海关及港区。

(2)对货。

①对货,是为了让货代及时、准确了解货物入库状况,以便货代安排提箱和报关,也便于本公司配单员对货物状态的了解。

②进入电脑仓储系统中的进仓管理,输入货代提供的"对货单"进仓编号,将显示的货物信息与"对货单"进行核对,核对项目如下:

- 件数。
- 唛头。
- 货号。
- 款号。

③输入货代提供的 HS 编码、报关品名、毛重。

④注意事项:

- 如有不符合项须及时与货代联系确认。
- 有体积差异应要求仓库进行复重确认并修改。
- 如有未打回单货物须及时与货代或司机联系确认货物状态。
- 对货过程中(理货员标注或配单室反映)出现易碎品货物、液体货物、货损货物等应及时处理并联系出具保函。

(3)提箱。

①提箱,是将货代委托的专用集装箱从场站驳运到本公司仓库场地,为仓库提供专用空箱;根据货代提供的提箱信息以及"设备交接单"安排集卡车去指定

场站提箱。

②跟踪集卡车驾驶员的提箱进度。

③根据"设备交接单"的进场联与"验箱小票"(所提回的空集装箱经过检验的凭证)核对箱号、箱型,将箱号、箱型、箱属、L/F、封号、船名、航次、货代名称、提单号输入到自用箱管理程序中,并进行台账登记,登记内容包括:时间、货代名称、箱号、箱属、箱型。

④将船名、航次、提单号、铅封号、箱型以书面形式传输给相关货代。

⑤注意事项:

- 咨询"设备交接单"对应场站的存箱状况。
- 核对箱号、箱型时"设备交接单"或"验箱小票"有差异或字迹模糊的,必须亲自到现场核对;进海关网、港区网查询并核对该船名、航次的船名代码和UN国际代码,核对船名、航次、码头。

(4)配载。

①配载是将进入或正准备进入本公司仓库的货物,根据货代要求、海关要求、港区要求、目的港要求、船公司要求、货物状态、集装箱规格等进行计划配载。

②对已经对过货的货代(配载清单)进行配载操作。

③再次按第二条的对货要求重新对货。

④进入电脑程序的出仓管理,输入"配载清单"的箱号,核对船名航次、提单号、箱属、箱型、L/F、码头。

⑤点击右边窗口"新增",输入货代"配载清单"所提供的进仓编号,当窗口显示该票货物全部信息时,再输入分提单号、中转港、目的港(在配载第二票时不用再输入中转港、目的港),然后依此逐票配载。

⑥所配载的货物全部到齐后,校对所配货物的全部数据:进仓编号、件数、毛重、提单号、中转港、目的港、报关品名、HS编码是否与"配载清单"相符;检查总重量是否超重,最后打印"出库装箱单"。

⑦将打印以后的"出库装箱单"传给货代确认是否按本"出库装箱单"进行报关并装箱,如货代对"出库装箱单"有修改,必须及时修改程序中相对应的信息,确认修改的内容是货代所要求改动的信息,发送海关 EDI 并记录报文,进海关网查询 EDI 发送是否有效,再次打印"出库装箱单"并盖箱报关章传于货代。

⑧配载时应注意事项:

- 大箱总重量(连箱重)不得超过 30 吨,小箱总重量不得超过 23 吨。
- 注意货物总体积与对应集装箱的容积是否符合。
- 注意配载货物的搭配是否合理,特别是托盘和特殊货物应到现场查证。

(5)核对"放行单"(只针对拼箱)。

①核对"放行单",主要是为了控制报关未通过的货物不被装箱出运。

②将货代相关人员送至通关中心或本司配单室的"放行单"与相应的"出库装箱单"进行船名、航次、箱号、提箱号、件数、毛重的核对。

(6)装箱。

①装箱是将已配载完成并得到确认的"出库装箱单"再次进行信息核对、信息处理,以满足仓库装箱时所需的各种信息和要求,并对仓库的装箱加以跟踪。

②原"出库装箱单"与"放行单"核对后,将报关已通过的货物的"出库装箱单"重新打印,并将装箱动态的各项信息:船名、航次、箱号、箱型、重量、拼箱 L、整箱 F、装箱仓库号输入程序。

③核对"出库装箱单"与"配载清单"以及货代装箱确认件是否相符,在"出库装箱单"上标注拼箱或整箱,确保"出库装箱单"正确无误后及时送至指定仓库装箱。

④注意事项:

- 查询未卸货物及仓位为 0 的货物。
- 注意特殊货物(超大、超高、超长)的包装和尺寸,并在"出库装箱单"上做明显标注。
- 货代对装箱有特殊要求的,必须在"出库装箱单"做好备注。
- 及时跟踪装箱进度。
- 及时解决装箱过程中出现的问题。

(7)进港。

①进港是对仓库已完成装箱的各种凭证进行审核、处理、装订,打印进港所需的其他凭证,生成进港报文,发送港区 EDI,通知车队或安排集卡车将箱子运至指定码头。

②核对仓库装箱完成的"仓库装箱单"与货代装箱确认件和程序中的信息是否相符,核对无误后,打印"出库装箱单"与货代装箱确认件进港。

③检查货代回传的进港确认件是否还有修改或另有要求,如有修改应及时更正。

④打印"报关装箱单",并用打字机在对应的"装箱单"(客户提供的)上打印相关信息,主要有:件数、毛重、体积。

核对"报关装箱单"与"装箱单"(客户提供的)以及"设备交接单",确认三单一致(核对内容:船名、航次、提单号、箱封号、箱型、件数、毛重、体积、中转港、目的港),核对后将三单装订在一起。

⑤收到货代书面进港确认件并检查无误后安排封箱。

⑥发送进港集装箱的码头 EDI。
⑦安排集卡车将集装箱进港。
⑧跟踪进港速度,掌握截关时间,及时解决进港过程中发生的问题。
⑨对已进港的箱子在电脑上做审核处理和出场处理。

(8) 费用。

对提箱、卸箱、装箱、进港过程中产生的费用进行确认,并将已确认的费用及时输入电脑。

(9) 档案。

①这里所指的档案是以一个自然箱为单位,将各个环节操作过程中留下的原始资料存档,以便未来查找。
②整理后的原始单据与对应配箱清单整齐装订。
③将装订后的配箱清单扉页盖上合同评审章并标明日期、评审结果。
④最后入柜保存。
⑤将已出运的箱子在台账上按货代、箱型、箱属、日期、船名、航次、提单号进行销号处理。

(10) 出仓。

①出仓,通常是指某票货物因货主或货代的原因,不再准备装箱而改为其他途径出运或不出运。
②货代要求出仓,必须提供出仓的书面文件,之后方可办理出仓手续。
③检查书面文件的内容是否与电脑上的记录一致。
④检查前来提货人所持的文件是否与货代的出仓通知相符。
⑤计算堆存费、出仓费,按收费标准计算并与货代确认或现金结算。
⑥开具"出仓通知单",并准确填写进仓编号、件数、唛头、体积、仓位、送货单位、货代单位等。
⑦如遇保税货物出仓(保税货物一般进仓后不再出仓,除特殊情况),除应严格按上述要求办理以外,必须用集装箱运输。
⑧注意事项:出仓有特殊要求的必须在"出仓通知单"上批注,完成出仓工作后需立即在电脑上做出相应操作。

(11) 熏蒸。

①进仓的木制品或木质包装货物前往某些国家或地区,出运之前须进行微生物杀毒处理,并由出口国家的动物检验检疫部门出具证明,通常是对有毒的化学气体进行杀灭。
②上午8:30之前把当天需要熏蒸货物的计划及时通报熏蒸操作人员。
③查看熏蒸货物的状态。

④将熏蒸检验不合格的货物及时通知货代。

⑤注意事项:记录正在熏蒸货物的具体位置和箱号,发现木质包装上有明显树皮的应提前通知货代,以便事先处理。

(12)实习要求。

①了解配单工作流程后,配单员应积极实践,对每一个环节都要分析"为什么要这么做"。

②主动向有经验的配单员请教,将学过的流程运用到实际操作中去。

(13)服务态度。

①一名出色的配单员不但要在操作上游刃有余,而且要服务态度良好。好的服务态度能为配单工作扫平很多障碍,与客户沟通显得非常容易。

②一名出色的配单员应做到语言得体、修辞正确、礼貌友善、尊敬客户。

③贯彻为客户所想、为客户所急的指导思想,在具体操作过程中能真正为客户解决困难,提高客户的满意度。

④在学习配单流程的同时应多参加商务礼仪、礼貌礼节等方面的学习,提高自身素质。

7. 装箱理货员操作流程及注意事项

接装箱单→确认空箱放于指定地点→通知仓库保管→核对箱号、箱型→检查箱体→进行装箱作业→确认核对装箱实际货物→检查货物包装→清点货物数量→监督指导装卸工货物装箱过程→装箱结束→核对数据→检查箱门口所剩体积→审核装箱单据→画拼箱图→填装箱记录单→填好实装件数并签字→配载清单交配单室。

①装箱理货员接到装箱指令后需将其中一张装箱单交给仓库保管员,由仓库安排叉车工按装箱单上的内容做好准备工作,装箱理货员根据货物的实际情况与装卸工、叉车工达成装箱顺序,装箱时合理搭配。

②核对箱号、箱型是否与出库装箱单一致,发现与出库装箱单上不符的,立即通知班长。装箱前还应检查箱体是否完好,如有破损、污染等异常,停止装箱并及时通知装箱班长做好相关的处理工作及记录工作。

③各项检查、核对工作完成后开始装箱,由叉车工准确地将货物铲到箱门口,应按照二端轻、中间重、由下而上、先重后轻、先紧后松的原则来装箱,如箱子立方小,装箱时应注意货物匀布,以防止吊箱时单面倾斜,有些箱子另有装箱要求的必须按要求装箱。理货员应监督装卸工将货物小心轻放,尤其是对贵重物品和易碎品货物更要谨慎装箱。

④装箱理货员装箱时须站在箱门以内,仔细核对每票、每箱的进仓编号、唛

头及件数是否正确;点数时必须一层一层点,每一票装完后需计算一次总件数,如发现件数、唛头、进仓编号不对的,及时通知库长或保管员,确认后再装,以防货物漏装、错装、掉落等事件发生;如发现铲来的货,桩脚卡、小票脱落不见时,停止装箱,立即通知库长或保管员,由库长或保管员核对此货的具体身份后补上丢失的桩脚卡以及小票;当一票货装完后,必须在装箱单上相对应的数据栏打钩,以表示此货已装进箱内。

⑤装箱理货员在装箱时务必注意检查货物包装是否有破损、被盗或短缺等现象,如有疑问立即停止装箱,并通知仓库保管员现场确认签字,损坏的托盘及时叫装卸工重新打托,纸箱严重破损的要重新换包装,轻微破损的用胶带纸粘好,并做好记录。严重受损的,立即通知配单员与货代取得联系。

⑥装箱理货员在装箱过程中不得离开箱门口,同时应认真督促叉车工的铲货情况及装卸工垛码货物的情况,负责保证装箱的质量,发现异常情况都必须要有书面记录,必要时进行照相。

⑦装箱结束后,通知叉车工及时整理空木板,放于指定位置,检查箱门口还空有多少体积,指挥装卸工关好箱门。装箱理货员必须将实际装箱数据与装箱单上的数据核对,确认无误后,在装箱单上签名,也要求装卸工在装箱单上签字,整理审核装箱单据,并把拼箱图画好,装箱记录单填好后跟装箱单订在一起交给装箱班长,并注明重箱位置、箱门是否关好、箱门口还空有多少体积。最后再交于配单室安排重箱进港。

⑧装箱理货员日常工作记录应交给装箱班长,遇到难以确认的事情及时通知装箱班长。

8.内集卡调度员操作流程及注意事项

(1)操作流程和过程的描述。

本岗位主要负责仓库空箱的进场和重箱的出场。

①仓库空箱的进场流程:业务员拿空箱单给内卡→内卡再次和堆场联系此箱是否可以提箱→再根据堆场地址安排集卡提取空箱。在空箱不急的情况下尽量安排进港的集卡提取空箱,做到车子往返有载,利润最大化;如果空箱急需提到,必须安排空车去提取空箱。

②空箱提来后,核对驾驶员提回的箱子和验箱员所验箱号是否对应,如果对应则把箱号输入电脑,如果不符则通知验箱员再次核对箱号,正确后输入电脑。

③仓库重箱的出场流程:业务员拿重箱单给内卡→内卡检查箱子是否可以进港,如是否有中转港、铅封、箱号是否正确,通知场地员安排箱子进港→电脑登记出场记录(尽量做到空箱和重箱的合理搭配,做到车子往返有载;两个小箱进

港尽量做到同一码头搭配进港）。

（2）操作过程注意事项。

①提箱前应确定此箱单是否所有资料俱全，当天报关及箱子紧缺的应尽早安排提箱。如果是我们的原因没有提到箱子，那会导致箱子退关，从而产生的一切费用均由我公司承担。

②重箱进港应根据箱子急否安排进港，如果都不急或都急的情况下按箱子先报出的先进港的原则安排进港。由于我方原因（晚进港）导致箱子截关或退关从而产生的一切费用均由我公司承担。

③当天遗留下来的事情一定要与第二天上班的人员交接清楚。

④空箱的箱号一定要准确无误，否则也会导致箱子退关。

（3）岗位差错的预防和控制。

①认真、细心、热情工作是每个员工的职责，工作中应对自己的工作认真负责。

②业务员应当认真检查核对重箱进港和提取空箱箱单上的相应内容，内卡调度人员和驾驶员的检查只能作为辅助。

③重箱进港时检查箱重也是一个很必要的手续，吊机在吊重箱时应检查箱重，如果箱重和场地员所报箱重差别太大应给予核对，这样就可以避免箱子进错港或空箱进港的事件。

（4）本课程实施建议。

与企业紧密合作，权衡企业、学校及学生三者的利益。

依靠企业的力量，按照专业的教学要求，合理协调安排教学。

（5）本课程的考核。

表附1.1

宁波龙星物流有限公司

宁波职业技术学院物流管理专业轮岗实训指导教师综合考核表

教师姓名				职称		
指导期间				指导班级		
出勤情况	计划出勤天数		实际出勤天数		加班天数	
	返校天数		事假天数		病假天数	迟到早退天数
工作内容						

续表

考核内容				
	考核项目	分值	第一考评人	第二考评人
工作态度	遵守企业劳动纪律和各项规章制度	4		
	谈吐文明,仪表端庄,有良好的行为习惯	3		
	有吃苦耐劳,有奉献精神,工作责任心强	3		
	尊敬领导,尊重员工	3		
协调能力	能协调好企业和学校间出现的各种问题	10		
	能处理学生在实训中出现的各种问题	10		
交际能力	同事间关系融洽,团结协作精神强	8		
	能主动与企业领导和同事交流	8		
指导能力	坚持写指导记录,并向公司月刊投稿	8		
	指导工作有创见,对实训事项能提出有价值的创意	8		
主动性	能主动与学生交流	5		
	能主动与企业师傅交流	5		
	能主动与班组、部门交流	5		
工作效果	工作成效显著,受到学生好评	10		
	工作成效显著,受到企业好评	10		
	合计	100		
综合考核平均得分				
企业评语				

实训单位负责人(签名):　　　　(盖章)　　年　月　日

备注:第一考评人为企业轮岗实训部门负责人,第二考评人为企业负责人

宁波职业技术学院物流管理专业轮岗实训指导教师工作总结

本人签名

年　月　日

附录二

高等职业教育物流管理专业教学资源库建设项目第三方评价报告

上海电子商务教育研究所
上海天卷信息技术有限公司

一、项目概述

2007年11月,国家示范性高等职业院校建设工作协作委员会在北京召开了国家示范性高职院校共同进行课程建设与教学资源研发研讨会,物流管理专业课程开发与教学资源建设项目开始启动。

2009年6月,物流管理专业课程开发与教学资源库建设项目协作组(以下简称协作组)的启动会召开。会议确定宁波职业技术学院为国家示范性高职院校物流管理专业课程开发与资源库建设项目的召集院校,建立了由教育部高等学校高职高专工商管理类专业教学指导委员会电子商务与物流分委会、宁波职业技术学院等核心院校及合作企业组成的协作组团队。

根据教育部《关于开展高等职业教育专业教学资源库2010年度项目申报工作的通知》【教高司函〔2010〕129号】要求,宁波职业技术学院等14家单位成立项目组,联合申报物流管理专业教学资源库建设项目。2010年8月,根据教育部《关于高等职业教育专业教学资源库2010年度立项项目建设方案及项目任务书的批复》【教高函〔2010〕18号】文件,宁波职业技术学院作为物流管理专业教学资源库项目主持单位,在中国物流与采购联合会、教育部教学指导委员会等项目建设指导单位的指导下,与高等教育出版社、络捷斯特科技发展股份有限公司、物美集团等企业以及商丘职业技术学院、武汉交通职业学院等院校合作建设物流专业教学资源库。

(一)建设目标和建设思路

1. 建设目标

(1)全面整合高等职业教育与社会职业培训两大技能型人才培养领域资源,建设具有可持续发展的国家级物流管理专业集成服务系统。以全面提高物流管理专业教育教学质量为根本任务,整合高等职业教育与社会职业培训两大技能型人才培养领域,建设完成一个集教学资源集成与共享、教改成果推广与利用、就业与人才信息采集与发布三大功能为一体,满足学生学习、教师教学需求,涵盖职业标准、技术标准、业务流程、作业规范等企业要素,并能随着时代进步和技术演进而平滑升级的,可持续发展的国家级物流管理专业集成服务系统。

(2)采用工作过程为导向的课程开发方法,广泛吸纳包括双证教育的培训资源在内的社会培训与教育资源,构建理论与实践一体化的课程体系与教学实施方案,按照专业、课程、素材三层框架来组织建设物流管理专业资源库。

(3)基于互联网平台,采用虚拟现实仿真技术,构建以物流企业需求为依据,以学生就业为导向,适应行业技术发展,体现实践教学内容的实用性和前瞻性,能增强学生就业能力的物流专业职业教育实训、实习环境,为学生搭建职业教育与企业及社会培训体系的平台。

2. 建设思路

全面贯彻《国家中长期教育改革和发展纲要》,坚持以人为本的理念,遵循教育规律和人才成长规律,全面深化高等学校人才培养模式改革;构建科学的人才培养评价体系,提高高校人才培养与国家人才需要的契合度;加大投入支持力度,形成有利于人才培养成长的终身学习体制。

认真实施《教育部 财政部关于实施国家示范性高等职业院校建设计划加快高等职业教育改革与发展的意见》【教高〔2006〕14号】,围绕国家重点支持发展的产业领域,研制并推广共享型教学资源库,为学生自主学习提供优质服务;运用现代信息手段,搭建公共服务平台,为共享优质教学资源提供技术支撑。以物流课程资源建设为核心,以方便、快捷、先进的课程共享平台为手段,深化物流管理专业课程建设、改革与运行机制,促进现代信息技术在教学中的应用,共享优质教学资源,全面提高物流管理专业教育教学质量,努力培养造就一大批服务于物流产业的高素质的劳动者和专门人才,为我国物流产业发展提供坚实的人才保障和广泛的智力支撑。

高等职业教育物流管理专业的资源建设将以"工作过程为导向""学生为中

心"为资源建设的总体思路。在资源的建设过程中将充分结合高等职业教育工学结合教学改革的需要以及充分考虑高职学生的学习特点,建设理论和实践一体化的教学资源。教学资源将强化学生能力培养,重点加强实验、实训、实习等关键环节的资源研发。

(二)建设内容与预期效果

1. 建设内容

按照共建共享、边建边用的原则,结合专业、课程、素材三层框架的建设框架,充分发挥企业在资源建设中的作用,建设内容以企业需求为主进行提炼,广泛吸纳包括双证教育在内的社会培训与教育资源。主要建设内容如下:

课程体系:依据国家物流师职业标准,结合调研结果中企业与学校认可度,构建课程体系。

课程建设:一期重构建设物流管理专业的10门核心课程,二期后续建设管理学基础、经济学、电子商务等大类专业通用平台课程,以及港口物流、铁道物流、航空物流等专业方向模块课程。

案例库:建设50个原创案例,编写案例500个。

视频库:建设50个原创视频,其他视频200个。

动画库:建设500个动画。

图形库:收集编辑5 000幅多种格式图形。

虚拟仿真库:引进企业完成相关的仿真、虚拟现实表现物流业务的软件5个。

自主学习平台:建设10门课程的自主学习平台。

行业标准库:建设行业标准数据库,第一期建立100个行业标准库,并开发标准库检索系统。

行业法规库:建设行业法规数据库,开发行业法规检索系统。

门户网站:建设一个具有集成信息资源的物流教学门户网站。主要功能有物流管理专业网站的资源管理、行业信息发布、交流等功能,为本专业搭建全国性的信息平台。

2. 预期效果

(1)直接效益。

课程建设:开发物流管理专业的主要教材10种,并配有相应的多媒体课件、试题库、教师手册、学生实训手册及测评体系。

案例库：建设 50 个原创案例，编写案例 500 个。
视频库：建设 50 个原创视频，其他视频 200 个。
动画库：建设 500 个动画。
图形库：收集编辑 5 000 幅多种格式图形。
虚拟仿真库：引进企业完成相关的仿真、虚拟现实表现物流业务的软件。
自主学习平台：建设 10 门课程自主学习平台。
行业标准库：建设行业标准数据库。
行业法规库：建设行业法规数据库。
门户网站：建设一个具有集成信息的资源物流教学门户网站。

（2）间接效益。

"国家高等职业教育物流专业教学资源库"服务于全国各高职院校、企业及社会学习者。

①面向全国高职院校学生、企业在岗职工及社会学习者的应用。

作为高职学生与社会学习者，最重要的学习目标是获得职业素养与技能，而职业素养与技能的获取，日益依赖于探究式的学习与训练，从而构建起学习者独具个性的职业能力。对于平台的充分应用，对学习者来说，不再受到时空的局限，平台提供人性化的教学应用与 7 天 24 小时的在线服务。

②为全国物流专业教师教学服务。

物流资源将为全国的物流专业教师提供一个交流互动的"平台"，教师可以根据平台资源设计规范，按照教学资源应用的操作要求，从各类教学资源的"仓库"中，灵活方便地摘录完整的教学资源以及一门课程的教学资源使用方案等，组建到教师个人的教学设计文件之中，使教师鲜明的个性化教学设计得以最佳体现。

③面向企业单位培训与资源建设单位的应用。

物流专业教学资源库将服务企业职业培训的运作置于与学校教育同等重要的地位，这不仅仅是因为企业职业培训与高职教育有着太多类似的教育本质特征，而且企业职业培训对国家经济高质量的运转具有不可低估的作用。

二、课程资源评价

（一）资源完成情况

按照共建共享、边建边用的原则，结合专业、课程、素材三层框架的建设框架，充分发挥了企业在资源建设中的作用，建设内容以企业需求为主进行提炼，广泛吸纳了包括双证教育在内的社会培训与教育资源,建设目标任务全部按时完成。

1. 总体完成情况(如表附2.1)

表附2.1

	应用网址	http://www.lm56.org		
课程开发情况	内容	目标数	完成数	完成比例
	标准(大纲)	10个	10个	100%
	课程	10门	10门	100%
	企业案例	50个	50个	100%
素材开发情况	内容	目标数	完成数	完成比例
	文本(案例)	550个	1 169个	212.5%
	图片	5 000幅	5 483幅	109.7%
	视频	250个	475个	190%
	动画	500个	775个	155%
工具开发情况	内容	目标数	完成数	完成比例
	教材	10种	10种	100%
	自主学习平台	10个	10个	100%
	虚拟仿真平台	5个	10个	200%
	试题库	10个	10个	100%
	行业标准库	1个	1个	100%
	行业法规库	1个	1个	100%
	门户网站	1个	1个	100%
应用情况	总访问量(人次)	2 563 395	日均访问量(人次)	4 682
	注册学生数	3 194	注册企业员工数	3 581
	注册教师数	436	其他注册用户数	435
经费投入情况	中央财政(万元)	600	地方财政投入(万元)	300
	行业企业投入(万元)	696	学校投入投入(万元)	300
	合计(万元)		1 896	

2. 具体子项目完成情况

(1)完成核心课程建设(如表附2.2)。

表附2.2

序号	课程名称	教学设计(个)	课件(个)	网络课程(门)	动画(个)	视频(个)	图片(幅)	案例(个)
1	物流基础	9	9	1	251	143	500	202
2	仓储作业管理	7	7	1	50	25	500	55
3	配送作业管理	7	7	1	71	35	519	79
4	运输管理	8	8	1	56	25	510	63
5	物流成本管理	10	10	1	50	28	500	55
6	物流信息管理	6	6	1	61	29	500	59
7	采购管理	9	9	1	50	40	500	93
8	物流营销	8	8	1	56	83	887	405
9	供应链管理	10	10	1	67	34	555	81
10	国际货运代理	9	9	1	63	33	512	77

(2)完成专业平台建设(如表附2.3)。

表附2.3

项目名称	监测指标
虚拟仿真平台	引进企业开发仓储、配送、供应链、物流成本、运输、信息等1个以上虚拟仿真平台
自主学习平台	课程建设中的10门课程远程自主学习平台
行业标准库	建设行业标准信息平台,支持模糊、精确查询,100个行业标准,包括3个以上类别
行业法规库	建设物流法规信息平台,支持模糊、精确查询。50个合同范本,50个物流法规,20个法规案例
门户网站	主要功能: 1.企业会员:100所物流企业注册,校企合作平台 2.学校会员:100所有物流管理专业的学校注册 3.就业岗位:每年提供100个物流相关就业岗位信息 4.教学心得:向同行教师提供教学心得交流的平台

(3) 完成物流管理专业教学资源的采集、加工、整理及入库工作。

对各参与单位建设的视频、动画、虚拟资源、文本等各种类型的素材进行统一采集，并对资源进行加工处理和入库。

(4) 完成物流管理专业核心课程的出版工作。

10门核心课程已经正式由高等教育出版社出版。

（二）教学设计

各门课程均按总任务书及分项目执行书要求完成了职业活动教学设计，每门课程的每个章节均有相应的教学设计与之对应，从教学设计的内容来看，教学目标明确且与相关知识的对应性强，对教学进程中的细节有详细说明，教学时间分配合理。教学过程中每个步骤均能对应使用的合适的资源。基本达到了任何一个专业教师通过使用这个教学设计，都能够完成教学任务的程度。

当然，有少部分单元的教学设计中也存在不足之处，主要为：个别单元的教学设计中教学时间规划较为粗略；个别教学设计中单元考核的内容阐述较为简略。

（三）多媒体课件

每门课程的每个章节均制作有对应的多媒体课件。绝大部分课件制作精细、页面美观、图文并茂，多媒体效果运用恰当；课件中的语言文字使用规范，引用的资料正确；课件使用操作简便、快捷、运行稳定，适合教师用于日常教学，实用性强。

在测试过程中也发现个别课程的课件直接制作成了 flash 格式，导致课件在使用过程中的可维护性不高；课件内容丰富，信息量大，但部分课件也存在过于着重通过展示各种资源来吸引学生观看学习，而忽视了课件在使用过程中的互动交流性作用。

（四）自主学习（网络课程）

各门课程均建立了完整的自主学习平台。在自主学习平台上能够浏览到各门课程开发建设的所有内容，包括：建设单位、大纲、职业活动教学设计、课程知识点、动画、图片、视频、案例、实训、多媒体课件、试题库等。在自主学习平台的重点学生学习内容部分，课程结构的组织及编排合理，课程内容与课程学习目标一致，且能涵盖课程的各项学习目标，均以知识点为支撑将各知识点对应的学习资源加以整合，形成学习课程内容的信息树，课程内容无思想性、学术性、表述性、科学性等方面的错误。自主学习平台的屏幕功能分区简单明了，学习者在使用过程中导航定位快速准确,能方便地找到想要学习的内容。使用者在学习过程中或一个阶段的学习完成后,能自行测试学习效果,还能使用平台各门课程中提供的交互式实训动画,训练职业技能。

自主学习平台进一步的发展趋势是向网络课程学习平台过渡,因此未来还需要在以下方面加以改进:目前自主学习平台总体上还是存在一定的封闭性,学生虽然可以自主学习及实训,但在学生学习管理方面还有待改进;另外,自主学习平台的内容扩展、更新完善及路径深化等运作还只能通过后台管理者来完成,而由平台使用者(教师及学生)来更新完善是更为有效和持久的运作方式,希望未来在这些方面能有所改进。

(五)动画

各门课程均制作完成了任务书及分项目执行书中规定数量的动画资源。整体上来看动画资源播放流畅、画面清晰、声音效果良好。动画中的素材丰富,且将文本、图形、图像、声音、有机地集成在一起。动画的内容是在充分考虑学习者对专业知识的认知水平前提下进行的整合设计,能准确而具体地反映所要展示的知识点的内容,能将关键性的知识点、教学重点生动形象地展示出来,在教学过程中使用这些动画能有效地吸引学生注意力,营造生动活泼的教学情境。

在使用测试过程中也发现少量的动画内容是文字内容的简单展现,没能发挥动画资源应有的教学效果。

(六)视频

各门课程均制作完成了任务书及分项目执行书中规定数量的视频资源。整体上来看视频资源播放流畅、画面清晰、声音效果良好。视频的内容大多取材于原始真实的场景,通过后期加工将真实场景与文本、图形、图像、声音、有机地整合在一起,能够准确诠释所对应的知识点的内容,更有部分视频是以故事记录片形式进行编辑呈现,对学生能够产生强烈的吸引力,从而达到良好的教学效果。

当然也有少量制作的视频内容较为简单,播放时长比较短,没有达到视频资源应该呈现的效果。

(七)图片

各门课程均制作完成了任务书及分项目执行书中规定数量的图片及图形资源。整体上来看,图片及图形资源较为丰富,绝大多数图片均为实景图片,有些知识点还对应了多张图片、图形,形成了一个图集。图片清晰,反映出的知识点明确,能够准确诠释所对应的知识点的内容。在教学过程中使用这些图片能有效地吸引学生注意力,营造生动活泼的教学情境。部分课程的内容比较抽象,因此较多地采用图形来展示对应的知识点,图形内容准确、简明扼要,图面美观,布局合理,能直观地反映出所对应的理论知识。

少量图片的像素较低,当使用投影播放时,清晰度有欠缺;有个别图片出现在不同课程不同知识点中,需要统一协调图片资源的使用。

(八) 案例

各门课程均制作完成了任务书及分项目执行书中规定数量的案例资源。案例大体可分为展示型案例及分析讨论型案例。展示型案例能准确而具体地反映所要展示的知识点的内容,将文本、图形、图像、有机地整合在一起,使案例内容图文并茂,避免了传统上案例仅为文字陈述,内容枯燥的弱点。分析讨论型案例的原创性较强,逻辑严谨,有一定的难度,需要学生仔细思考且可能需要查阅一些相关资料才能完成案例提出的问题,这样的案例能调动学生的积极性,使学生主动思考的能力得到锻炼。

当然部分课程中的个别案例也存在着案例内容过于简单,案例篇幅较小的不足,这样的案例在阅读时可能很快浏览而过,没能发挥案例资源应有的作用。

(九) 实训

应该说实训这部分内容是物流资源库建设的亮点,除物流基础这门课程由于是对物流知识的整体认知学习而没有单独进行实训设计外,其他9门课程均每章都针对本章中重要的、关键性的技能点设计了相应的实训。实训设计主要包括实训操作说明文本及交互式实训动画。实训项目的技能点选择准确,实训目标明确,实训内容与实训目标一致性较好。实训均模拟实际的工作场景,训练的技能与学生未来从事真实工作岗位的工作内容较为符合,能达到有效提高学生真实工作能力的效果。实训设计的操作步骤详细、规范,可操作性强。实训动画均为交互式动画,学生可以通过这些动画在实训过程,有目的性地运用所学的理论知识,完成相应的实训工作任务,提高工作技能。以实训动画的形式来进行实训,对实训场地及实训物质条件的要求较少,因此具有广泛的适用性,少量实训动画还采用了3D制作,操作过程犹如游戏般有趣,更增加了学习的学生兴趣。

当然也有个别课程的实训需要下载外部播放程序,对实训动画的易用性有一定影响;有的实训动画训练内容上没有问题,但操作过程形式比较单一,趣味性稍有欠缺。

三、门户网站测评

1. 界面设计

物流管理教学资源库的建设,本着方便使用的原则,从教学需要、社会学习需要及企业培训需要三个角度制作资源,门户网站的设计全面考虑了各类使用者,并且有行业协会的坚强支持。主要内容包括专业动态、行业动态、网络课程、法规库、标准库、职业认证、就业岗位、教育学和虚拟仿真等。在这里有物流教育界、物流企业界及社会人员的兴趣点,随着您进入兴趣点的界面,会发现一个广阔的物流资源空间。

2. 自主学习

资源库共建设了10门课程的自主学习平台,它们是物流基础、仓储作业管理、配送作业管理、运输管理、供应链管理、物流信息管理、物流成本管理、物流营销、国际货运代理和采购管理。10门课程的建设均是基于物流的实际工作过程,以实际工作的需要为出发点,通过制作教学资源,尽量使学生能够体会到物流工作的实际状况,以提高学习者的学习效率。资源的制作都全面考虑了各类学习者的学习习惯和学习要求,合理地安排了知识点和技能点的学习方法和学习时间点。自主学习平台的合理设计,使这个过程自然而轻松。

目前存在的主要缺点:由于经费和时间的限制,视频和动画资源的建设有不足之处。另外由于门户网站运行的后期经费支持不足,应用和推广受到限制。

3. 法规库

法规库中收集了大量的物流管理专业相关的法规。由于物流法规数量大并且分散在其他的法律法规之中,收集困难,应用时需要比较高的物流知识能力和法律水平,物流法规资源建设一直是物流管理专业的难点。本次法规库的建设无疑是一个良好的开始。该部分支持模糊查询,有利于快速从法规库中检索到需要的法规。

主要的不足:法规虽然齐全,但是应用的针对性不是很好,以后希望通过实际物流中的法律案例来解决这一问题。

4. 标准库

标准库中收集了大量的物流行业标准。物流行业的标准涉及多个行业,标准分散,制定要求高,而且对制作者的实践经验要求高,学习物流行业标准是物流行业学习者和从业人员的难点。本次标准库的建设将大量的标准放在一起,方便了学习者的学习,也方便了标准之间的对比,对今后物流行业的发展无疑是有益的。该部分支持模糊查询,有利于快速从标准库中检索到需要的标准。

主要不足:标准和教学的结合还不够充分,今后希望通过对标准的整理,更好地将标准融合到课程之中。

四、用户满意度测评

本着"共建共享、边建边用、以用促改、以改督建、建用改联动"的原则,根据物流资源库建设内容及可监测指标要求确定的内容,以及最大化地实现用户亲身体验满意和自我价值提升的目标,进行资源库建设。

2011年8月,在资源库建设过程中,历经多次用户调查、研究,进行反复推敲、论证,联合开发团队集中组织力量从用户期望和用户感知质量等关注用户亲身体验因素入手,建立了物流资源库用户亲身体验评价指标体系和自我提升评价指标体系。

物流资源库用户使用情况评价从2011年7—2012年6月,历时12个月,分为三个阶段进行用户使用情况评价。第一阶段为2011年7月—2012年1月,项目主持院校主要采用用户现场使用评价方法进行用户使用情况调查。第二阶段为2012年2月—4月,主要委托第三方——上海电子商务教育研究所,根据评价指标进行用户使用情况评价调查。2012年3月,联合开发团队组队参加示范高职院校的物流资源库推广活动期间,进行了与用户面对面的现场使用情况调查活动。第三阶段是2012年5月—6月,联合开发团队又组织了省内教育和物流领域专家进行了现场使用情况调查分析活动,同时根据教育部职业教育与成人教育司要求,参加了资源库验收、使用、推广的网络问卷调查活动。

参照评价指标,综合用户使用的三个阶段调查结果,形成如下评价结论。

1. 建设成效

按照共建共享、边建边用的原则,结合专业、课程、素材三层框架的建设框架,充分发挥了企业在资源建设中的作用,建设内容以企业需求为主进行提炼,广泛吸纳了包括双证教育在内的社会培训与教育资源,建设目标任务全部按时完成。

(1)专家组认为本项目建设有效带动了全国相关高等职业院校教学模式、方法、手段改革与创新,通过与企业合作共同研制专业教学资源库,开辟了校企合作的新舞台和新模式,在联合国内高职院校共建共享优质课程教学资源方面开始形成新的思路,为国内职业教育数字化资源库建设提供了成功的范例。

(2)多数参与调查人员认为,物流资源库网站设计较好,教学资源内容丰富、实用,课程开发思路清晰、系统性强,对学习和工作帮助很大。10门核心课程已经正式由高等教育出版社出版。

(3)根据第三阶段用户使用情况调查数据,截止到2012年6月30日,物流资源库中注册总人数:7646人,其中,教师、学生、企业员工三类用户占多数,分别占5.70%(436人)、41.77%(3 194人)和46.83%(3 581人),其他用户占5.69%(435人)。用户使用资源库时间10—30分钟占了35.16%、30—60分钟占了40.51%、1小时以上占了15.83%,用户使用物流资源库的主要目的分别为进行专业学习(70.08%)、教学辅助(64.10%)、搜索下载资源(57.32%)和了解行业动态(52.17%)等,物流资源库共享效果得到了明显的体现。

2. 存在的问题

在利用"'建、用、改'三果循环联动"评价法对资源库进行及时更新与完善过程中,根据用户使用过程中的各种因素设计调查问题,针对用户评价反映的建设成效进行经验总结的同时,也注重查找存在的问题。

(1)资源库中的资源类型、数量、内容还不够丰富。学生用户要求要增加交互类、视频类、动画类等多媒体资源,教师用户要求增加课程相关的教案、教学计划、授课计划、讲义及授课PPT等资源和典型的教学案例。专家建议要进一步丰富教学资源,探索学习与教学新模式;将使用资源库学习的成功个案加以提炼总结、予以推广,失败个案加以反思、改进完善。

(2)资源平台可用性期待进一步优化。用户反映比较多的意见是:资源访问缺少智能性,平台结构复杂,访问路径长,智能查询还不够先进,资源下载不够方便;功能导航设计不符合普通学生用户习惯,链接稍显混乱,便捷性的查询功能不够,提高学习兴趣、可视化学习结果评价等功能较欠缺。专家建议优化版面设计,简化界面之间的切换,提供资源库架构说明和使用向导;探索网络课程资源和学习社区建设、管理、运行的新体制和新机制,实现资源建设可持续发展。

(3)资源组织与展现还不够合理。用户反映资源结构复杂、展示层次过多;作品格式不统一,多媒体资源部提供访问工具下载,使用不便;网速相对较慢,以及多媒体资源没有压缩优化处理。这些都是影响资源展示的瓶颈问题。用户要求资源库平台提供人性化、可靠的访问服务。专家建议提供必要的资源使用辅助链接与展示引导性课件以帮助用户了解物流资源库的资源组织结构,更好地使用资源作品;按照人性化、智能化、多样化的要求完善平台建设,加强平台的稳定性和安全性,尤其要符合职业教育进行技能训练的特殊要求。

（4）平台运行效率受到硬件的制约。用户反映网站浏览、资源访问不畅通,用户有抱怨,要求改进,提供可靠的服务。专家建议硬件支持投入较大,应有序、衔接、持续、后续地投入跟进。

（5）项目体制机制还不完善。联合开发团队成员感觉资源库运行、管理存在沟通不畅、协调低效等问题,期待改善。专家建议不断完善资源库,加强体制机制建设。

专家还建议要加大宣传力度,让更多的人参与建设、共享成果,建立长期运营机制。

五、专家意见

高职物流资源库建设,实现了优质教育资源的共建共享。项目建设目标明确,思路清晰,项目组在国内外缺少可借鉴先例的情况下,进行了大量开创性的探索,积累了许多成功的经验。

在课程开发与教学资源研制方面,联合开发团队采用"基本资源+拓展资源"的结构,开发了10门具有普适性的专业课程教学资源。

在平台管理运行与用户服务方面,初步建立了系统、用户和站点的响应机制及专门管理小组,并响应用户改进要求。

物流资源库项目建设有效带动了全国相关高等职业院校教学模式、方法、手段改革与创新,通过与企业合作共同研制专业教学资源库,开辟了校企合作的新舞台和新模式,在联合国内高职院校共建共享优质课程教学资源方面开始形成新的思路,为国内职业教育数字化资源库建设提供了成功的范例。

鉴于物流资源库项目起点高、难度大、无先例,为使项目进一步完善和深化,建议从以下几个方面进行改进。

（1）进一步丰富教学资源,探索学习与教学新模式。

（2）按照人性化、智能化、多样化的要求完善平台建设,加强平台的稳定性和安全性,尤其要符合职业教育进行技能训练的特殊要求。

（3）探索网络课程资源和学习社区建设、管理、运行的新体制和新机制,实现资源建设可持续发展。

六、结论

本着"共建共享、边建边用、以用促改、以改督建、建用改联动"的原则,最大化地实现用户满意度和价值提升度,希望联合开发团队在已经取得成果的基础上,戒骄戒躁,集中力量,花大气力深化资源库内涵;在以下几个方面攻坚克难,争取收获更丰硕的成果。

(1)以数字化学习资源应用为核心广泛开展混合式教学,提高人才培养质量。

(2)加快适应物流项目教学、情景教学、角色扮演的数字化教学资源开发。

(3)后续建设管理学基础、经济学、电子商务等大类专业通用平台课程,以及港口物流、铁道物流、航空物流等专业方向模块课程。

(4)以认证为抓手,实现专业与产业、课程内容与职业标准、教学过程与生产过程、学历证书与职业资格证书、职业教育与终身学习的深度对接。

(5)充分利用现代信息技术改造提升传统教学,以信息化带动职业教育现代化。

(6)进一步拓展适合物流虚拟实训、仿真教学、形象化教学的软件开发。

(7)进行市场化(商业化)运营的体制机制设计,确保专业教学资源库的持续建设、发展和应用。

(8)整合政府、行业、企业、社会和院校各类资源,把物流专业资源库建设成为物流行业的一个"淘宝网"。

附录三

高等职业教育物流管理专业教学资源库建设项目课程资源第三方评价报告(节选)

按照共建共享、边建边用的原则,结合专业、课程、素材三层框架的建设框架,充分发挥了企业在资源建设中的作用,建设内容以企业需求为主进行提炼,广泛吸纳了包括双证教育在内的社会培训与教育资源,建设目标任务全部按时完成。

一、课程资源完成情况

1. 完成核心课程建设(如表附3.1)

表附3.1

序号	课程名称	教学设计	课件	网络课程	动画	视频	图片	案例
1	物流基础	9	9	1	251	143	500	202
2	仓储作业管理	7	7	1	50	25	500	55
3	配送作业管理	7	7	1	71	35	519	79
4	运输管理	8	8	1	56	25	510	63
5	物流成本管理	10	10	1	50	28	500	55
6	物流信息管理	6	6	1	61	29	500	59
7	采购管理	9	9	1	50	40	500	93
8	物流营销	8	8	1	56	83	887	405
9	供应链管理	10	10	1	67	34	555	81
10	国际货运代理	9	9	1	63	33	512	77

2. 完成专业平台建设(如表附3.2)

表附3.2

项目名称	监测指标
虚拟仿真平台	引进企业开发仓储、配送、供应链、物流成本、运输、信息等1个以上虚拟仿真平台
自主学习平台	课程建设中的10门课程远程自主学习平台
行业标准库	建设行业标准信息平台,支持模糊、精确查询,100个行业标准,包括3个以上类别
行业法规库	建设物流法规信息平台,支持模糊、精确查询。50个合同范本,50个物流法规,20个法规案例
门户网站	主要功能: 1.企业会员:100所物流企业注册,校企合作平台 2.学校会员:100所有物流管理专业的学校注册 3.就业岗位:每年提供100个物流相关就业岗位信息 4.教学心得:向同行教师提供教学心得交流的平台

3. 完成物流管理专业教学资源的采集、加工、整理及入库工作

对各参与单位建设的视频、动画、虚拟资源、文本等各种类型的素材进行统一采集,并对资源进行加工处理和入库。

4. 完成物流管理专业核心课程的出版工作

10门核心课程已经正式由高等教育出版社出版。

二、教学设计

各门课程均按总任务书及分项目执行书要求完成了职业活动教学设计,每门课程的每个章节均有相应的教学设计与之对应,从教学设计的内容来看,教学目标明确且与相关知识的对应性强,对教学进程中的细节有详细说明,教学时间分配合理。教学过程中每个步骤均能对应使用的合适的资源。

当然,有少部分单元的教学设计中也存在不足之处,主要为:个别单元的教学设计中教学时间规划较为粗略;个别教学设计中单元考核的内容阐述较为简略。

以下是部分教学活动设计的样例(如表附3.3)。

附录三 高等职业教育物流管理专业教学资源库建设项目课程资源第三方评价报告(节选)

表附3.3 职业活动教学设计(物流基础课程)

单元名称	开门的钥匙——物流入门(与章相对应)	学时	6
单元简介	物流入门这一单元共有六节,第一节主要介绍了物流的定义、物流的分类及第三方物流的基本概念;第二节企业物流主要介绍了生产企业物流及商业企业物流;第三节物流管理,在这节中主要介绍了物流服务管理、物流成本管理及物流信息管理;第四节物流标准化,这一节主要介绍了物流标准化的主要内容及标准的方法;第五节物流客户服务,这节的内容较多,主要介绍了客户服务机构的作用、客户投诉的种类、处理原则、电话客户服务及电子邮件客户服务。第六节职业能力与岗位,主要介绍了职业通用能力、专业能力,并分析了与物流管理专业相关的岗位。		
知识目标	1. 理解什么是物流,掌握物流的基本功能及活动要素; 2. 理解企业物流的主要内容及物流管理的主要内容; 3. 了解物流标准化的主要方法; 4. 掌握物流客户服务的主要内容; 5. 理解职业通用能力、专业能力与物流管理专业的相关岗位。		
考察内容	参观1—2个物流企业,观察实际工作岗位(企业参观记录单),没有条件参观企业的可观看录像(观看录像记录单): 录像:《源远流长的物流》,有哪些直接岗位?有哪些间接岗位?各需要什么能力?		
相关知识	1. 物流(logistics)的定义:物品从供应地向接收地的实体流动过程。 2. 物流分类:从物流过程来分可以分为供应物流、生产物流、销售物流、回收物流和废弃物流。 3. 第三方物流(the third party logistics):立于供需双方,为客户提供专项或全面的物流系统设计以及系统运营的物流服务模式。 4. 企业物流(enterprise logistics):生产和流通企业围绕其经营活动所发生的物流。 5. 供应物流(supply logistics):为下游客户提供原材料、零部件或其他物品时所发生的物流活动。 6. 生产物流(production logistics):制造企业在生产过程中,原材料、在制品、半成品、产成品等的物流活动。包括生产计划与控制,厂内运输(搬运),在制品仓储与管理等活动。 7. 销售物流(distribution logistics):生产企业、流通企业在出售商品过程中所发生的物流活动。		

续表

单元名称	开门的钥匙——物流入门（与章相对应）	学时	6
相关知识	8. 废弃物流（waste material logistics）：将经济活动中失去原有使用价值的物品，根据实际需要进行收集、分类、加工、包装、搬运、储存等，并分送到专门处理场所的物流活动。 9. 物流管理（logistics management）：为达到既定目标，对物流的全过程进行的计划、组织、协调与控制。 10. 物流服务（logistics service）：是满足客户需求所实施的一系列物流活动过程及其产生的结果。 11. 物流成本管理（logistics cost control）的定义：对物流活动发生的相关费用的计划、协调与控制。 12. 物流信息（logistics information）的定义：反映物流各种活动内容的知识、资料、图像、数据、文件的总称。 13. 标准：是指人们对于重复出现的事物、现象、过程以及概念做出的统一规定，是建立在科学技术和实践经验综合成果的基础之上，经过权威部门或专业方面的协商一致，由主管机构批准，通过特定形式发布，作为共同遵守的行为准则和共同依据。 14. 物流标准化：是指物流组织或行业以物流系统与物流业务为对象，专门针对运输、储存、装卸、包装、流通加工以及物流信息处理等物流活动而制定、发布和实施有关技术和工作业务流程的标准，并以此标准提出物流系统的配合性要求，从而达到统一实现整个物流系统的标准运作的过程。 15. 物流服务（logistics service）：为满足客户需求所实施的一系列物流活动过程及其产生的结果。 16. 职业：是指从业人员为获取主要生活来源而从事的社会性工作类别。 17. 能力：是人们表现出来的解决问题可能性的个性心理特征，是完成任务、达到目标的必备条件。 18. 职业核心能力：是人们职业生涯中除岗位专业能力之外的基本能力，它适用于各种职业，能适应岗位不断变换，是伴随人终身的可持续发展能力。 19. 物流专业能力：主要包括仓储作业与管理能力；运输作业与管理能力；配送作业与管理能力；物流信息处理与应用能力及物流市场拓展能力。 20. 物流作业类岗位：如仓管员、采购员（或采购助理）、快递员、报关员、跟单员等岗位。 21. 物流管理类岗位：一般是物流企业中高级管理人员，主要负责物流企业或整个物流系统的运营。		

续表

单元名称	开门的钥匙——物流入门(与章相对应)	学时	6
相关知识	22.岗位方向:采购方向、仓储方向、运输方向、物流信息方向以及国际货代方向。		
教学方法	本单元参观企业4课时,课堂讲授2课时,如果课堂授课时间不够,可采取让学生自己学习的方法,很多概念可让学生自己学习。如果不能参观企业可观看录像,观看录像并讨论共3课时,课堂讲授3课时,下面以3课时为例进行说明。 　　第一章开门的钥匙——物流入门;本章的内容较多,也相对复杂些,其重点解决什么是物流、物流的基本功能及物流相关的职业岗位等问题,难点是对职业核心能力的理解。本单元建议6课时。由于是入门课程,主要是引导学生针对今后的工作岗位有计划地学习课程,有条件的可参观1—3个企业并填写参观记录表,没有条件的可观察录像并填写观看录像表,组织讨论观看录像的感受。参观企业时观察物流岗位的实际工作,今后要学习的课程与岗位的关系,参观企业时要注意的是学校所开设的课程是学生未来可持续发展的基础,未必与企业物流岗位一一对应。课堂讲解先观察物流的基本功能视频或动画,提出问题并请学生思考,再讲解,可能的话每间隔10分钟左右提问一次,集中学生的注意力。当第一章结束后,可请学生填写三张表:课程单元评价表、职业核心能力评价表及专业能力评价表。 　　第一节上课开始用5分钟时间播放一个动画:什么是物流？请学生思考:物流包括哪些内容？举一个身边属于物流的例子(提问:5分钟)。引出物流的定义:物品从供应地向接收地的实体流动过程。并进一步说明物流的主要功能有哪些。这章中还提供了案例动画(JCA010101),可作为开始的导入素材,教师可根据实际情况选择使用。 　　接下来可用四个动画(10分钟):物流定义(JCD010101)、玉米物流(JCD010102)、家电物流(JCD010103)、液态物流(JCD010204)讲述物流的基本功能。可以向学生提出问题:在玉米物流、家电物流、液态物流中哪些环节与物流的基本功能相对应？物流大事记部分可请学生自己阅读。 　　对于物流的分类不必多讲(5分钟),只讲一种按物流过程分类,这是一种典型的物流分类(JCD010107),其他请学生自己阅读。 　　企业物流的水平结构要认真讲(10分钟),这里有很多概念,这些概念非常重要,结合JCD010108讲解生产物流、销售物流、供应物流、废弃物流。 　　还有10分钟可用于讲解第三方物流及本节课的总结。 　　第三方物流的定义可用动画JCD010119讲解,再结合四个小案例讲解,加深学生对第三方物流的理解。		

续表

单元名称	开门的钥匙——物流入门(与章相对应)	学时	6
教学方法	第二节课45分钟主要讲解企业物流、物流管理及物流标准化。 　　企业物流(15分钟):首先引入企业物流的概念,再讲生产企业与商业企业的物流,这是两种具有代表性的企业。企业物流用动画JCD010201讲解,企业物流的内容、企业内部物流、企业销售物流、企业退货物流分别用动画JCD010202、JCD010203、JCD010204、JCD010205讲解,提问:电冰箱由企业仓库运到批发商仓库,属于什么物流?热水器由装配车间运到测试车间属于什么物流?引导学生理解企业物流的组成。 　　商业企业物流用案例JCA010202演示,提问:生产企业的销售物流与商业企业的销售物流有什么不同?让学生理解生产企业的销售物流终点是批发商,而商业企业的销售物流终点是消费者。进一步提出问题:比较生产企业的物流内容与商业企业内容的区别。提问:某人购买了一台热水器,使用3天坏了,商家答应退货,问这属于什么物流? 　　物流管理(15分钟)比较难讲,因学生还没有实际工作的经验,对于管理的内涵不是很清楚,结合JCD010301讲清物流管理的主要内容。物流服务管理、物流成本管理、物流信息管理这三种最重要的管理只讲清基本概念,这三种物流是从不同角度进行阐述的,物流服务管理是从增值的角度阐述物流管理;物流成本管理是从利润的角度阐述物流管理;物流信息管理是从整体协调的角度阐述物流管理,这三种管理会有很大的交叉,要注意案例应用的准确性。物流服务(JCD010302)可进行演示,结合JCT010301、JCT010302说明空间效用、时间效用及形式效用服务的概念。引出物流的时空观主要是为了降低成本,提高效率、增加利润。案例:"美国最大的百货公司沃尔玛,在美国的日处理量约20多万个纸箱,在货物暂存区或仓库中工人用扫描仪分别识别运单和货物上的条形码,通过计算机准确无误识别后才存入或拣出,大大提高了效率,保证了沃尔玛零售店的顺利运营。"这个小案例既说明了物流时间效用,又说明了物流信息管理的重要性,物流成本有后续课程,这里也只是简单讲解。物流信息管理结合JCD010305讲解物流信息的组成。要注意数字与数据的差别。第八章也是物流信息,要前后呼应。 　　物流标准(15分钟),这里要讲清"标准""标准化"与"物流标准"的概念。结合JCD010401讲清标准的概念,JCD010402让学生进行互动,记忆2—3个国内地方物流代码。结合JCD010403讲清标准化的概念。其他的物流标准可根据时间选择讲,由于物流标准太多,这里只了解基本概念就可以了,工作中用到了再查找。 　　第三节(45分钟)讲解物流客户服务及物流能力与岗位。		

附录三 高等职业教育物流管理专业教学资源库建设项目课程资源第三方评价报告(节选)

续表

单元名称	开门的钥匙——物流入门(与章相对应)	学时	6
教学方法	物流客户服务(20分钟)用动画JCD010501演示讲解,这里要讲清物流服务与客户服务的关系,物流服务是专门化的,客户服务是通用的。客户服务机构的作用由五个小案例组成,生动展现了实际工作中的情况。客户服务人员的素质非常重要,最好结合身边的例子进行讲解。客户投诉的种类及处理原则由五个小案例构成动画。打电话客户服务主要要注意语气,无论是接电话还是打电话。在电子邮件客户服务中主题是重点,邮件的主题是非常重要的,如果主题不明确可能被当成垃圾邮件处理。 职业能力与岗位(15分钟):讲清什么是职业,什么是能力。在实际工作中职业核心能力最重要,要用一生的精力打造职业核心能力。对于物流的岗位,可结合观看录像的内容进行讲解,并让学生讨论。 单元小结(10分钟):本单元的关键概念特别多,相关知识中的概念都属于关键概念。 单元评价:单元课程评价、职业核心能力评价、专业能力评价。 课后作业:1.填写参观企业记录表或观看录像记录表;2.根据个人所经历过的事件,写一篇有关客户服务人员的记实报告(500字);3.到实际工作中观察与物流相关的一种具体岗位,写出这个岗位应具有什么能力。		
教学资源	JCA010101, JCD010101, JCD010102, JCD010103, JCD010104, JCD010105, JCD010106, JCD010107, JCD010108, JCD010109, JCD010110, JCD010111, JCD010112, JCD010113, JCD010114, JCD010116, JCD010117, JCD010118, JCD010119, JCD010201, JCD010202, JCD010203, JCD010204, JCD010205, JCA010201, JCD010206, JCA010202, JCD010301, JCD010302, JCT010301, JCT010302, JCT010303, JCA010301, JCD010303, JCD010304, JCD010305, JCD010306, JCD010307, JCD010308, JCD010309, JCA010313, JCD010310, JCA010319, JCD010311, JCA010320, JCD010312, JCD010401, JCD010402, JCD010403, JCD010404, JCA010401, JCD010405, JCT010401, JCA010401, JCT010402, JCD010501, JCA010501, JCA010502, JCA010503, JCA010504, JCA010505, JCA010506, JCA010507, JCA010508, JCA010509, JCA010510, JCA010511, JCA010512, JCA010513, JCA010514, JCA010515, JCD010502, JCD010503, JCA010516, JCA010517, JCA010518, JCA010519, JCA010520, JCA010521, JCD010601, JCD010602, JCD010603, JCD010604, JCA010601, JCA010602, JCA010603, JCA010604, JCA010605, JCA010606, JCA010606, JCA010607, JCD010602		

续表

单元名称	开门的钥匙——物流入门（与章相对应）	学时	6
单元考核	1.提问 15 名学生记入成绩。2.作业中的 1、3 题计入成绩；单元评价计入成绩。		

每门课程的每个章节均制作有对应的多媒体课件。绝大部分课件制作精细、页面美观、图文并茂，多媒体效果运用恰当；课件中的语言文字使用规范，引用的资料正确；课件使用操作简便、快捷、运行稳定，适合教师用于日常教学，实用性强。

在测试过程中也发现个别课程的课件直接制作成了 flash 格式，导致课件在使用过程中的可维护性不高；课件内容丰富、信息量大，但部分课件也存在过于着重通过展示各种资源来吸引学生观看学习，而忽视了课件在使用过程中的互动交流性作用。

以下是部分多媒体课件内容的截图样例（如图附 3.1—图附 3.7）。

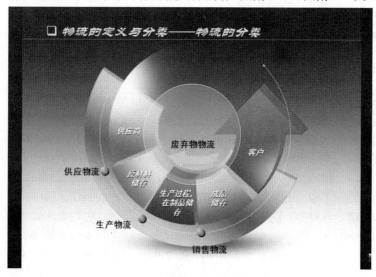

图附 3.1

图附 3.2

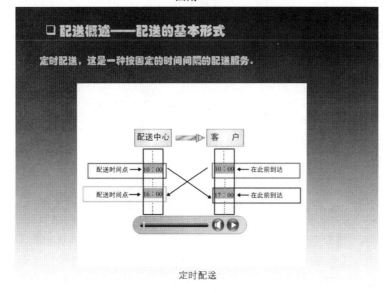

图附 3.3

图附 3.4

图附 3.5

附录三　高等职业教育物流管理专业教学资源库建设项目课程资源第三方评价报告(节选)

图附 3.6

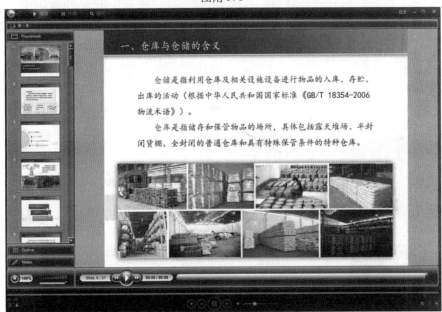

图附 3.7

三、自主学习（网络课程）

各门课程均建立了完整的自主学习平台。在自主学习平台上能够浏览到各门课程开发建设的所有内容，包括：建设单位、大纲、职业活动教学设计、课程知识点、动画、图片、视频、案例、实训、多媒体课件、试题库等。在自主学习平台的重点学生学习内容部分，课程结构的组织及编排合理，课程内容与课程学习目标一致，且能涵盖课程的各项学习目标，均以知识点为支撑将各知识点对应的学习资源加以整合，形成学习课程内容的信息树，课程内容无思想性、学术性、表述性、科学性等方面的错误。自主学习平台的屏幕功能分区简单明了，学习者在使用过程中导航定位快速准确，能方便地找到想要学习的内容。使用者在学习过程中或一个阶段的学习完成后，能自行测试学习效果，还能使用平台各门课程中提供的交互式实训动画，训练职业技能。

自主学习平台进一步的发展趋势是向网络课程学习平台过渡，因此未来还需要在以下方面加以改进：目前自主学习平台总体上还是存在一定的封闭性，学生虽然可以自主学习及实训，但在学生学习管理方面还有待改进；另外，自主学习平台的内容扩展、更新完善及路径深化等运作还只能通过后台管理者来完成，而由平台使用者（教师及学生）来更新完善是更为有效和持久的运作方式，希望未来在这些方面能有所改进。

以下是各门自主学习平台的截图样例（如图附3.8—图附3.9）。

图附3.8

附录三 高等职业教育物流管理专业教学资源库建设项目课程资源第三方评价报告(节选)

图附 3.9

四、动画

各门课程均制作完成了任务书及分项目执行书中规定数量的动画资源。整体上来看动画资源播放流畅、画面清晰、声音效果良好。动画中的素材丰富,且将文本、图形、图像、声音、有机地集成在一起。动画的内容是在充分考虑学习者对专业知识的认知水平前提下进行的整合设计,能准确而具体地反映所要展示的知识点的内容,能将关键性的知识点、教学重点生动形象地展示出来,在教学过程中使用这些动画能有效地吸引学生注意力,营造生动活泼的教学情境。

在使用测试过程中也发现少量的动画内容是文字内容的简单展现,没能发挥动画资源应有的教学效果。

以下是部分动画资源的截图样例(如图附 3.10—图附 3.12)。

图附 3.10

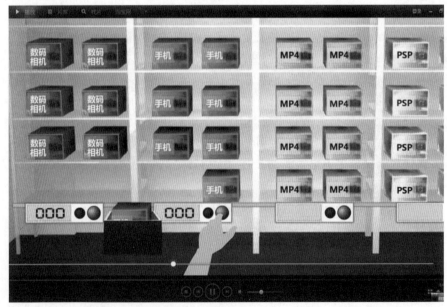

图附 3.11

附录三　高等职业教育物流管理专业教学资源库建设项目课程资源第三方评价报告(节选)

图附 3.12

五、视频

各门课程均制作完成了任务书及分项目执行书中规定数量的视频资源。整体上来看视频资源播放流畅、画面清晰、声音效果良好。视频的内容大多取材于原始真实的场景,通过后期加工将真实场景与文本、图形、图像、声音、有机地整合在一起,能够准确诠释所对应的知识点的内容,更有部分视频是以故事记录片形式进行编辑呈现,对学生能够产生强烈的吸引力,从而达到良好的教学效果。

当然也有少量制作的视频内容较为简单,播放时长比较短,没有达到视频资源应该呈现的效果。

以下是部分视频资源的截图样例(如图附 3.13—图附 3.16)。

图附 3.13

图附 3.14

附录三 高等职业教育物流管理专业教学资源库建设项目课程资源第三方评价报告(节选)

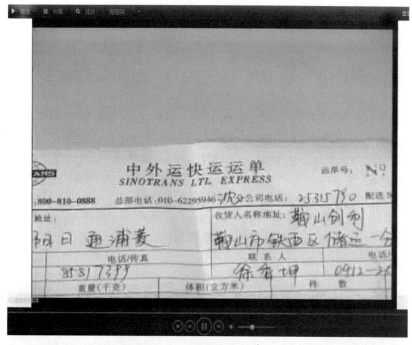

图附 3.15

图附 3.16

六、图片

各门课程均制作完成了任务书及分项目执行书中规定数量的图片及图形资源。整体上来看,图片及图形资源较为丰富,绝大多数图片均为实景图片,有些知识点还对应了多张图片、图形,形成了一个图集。图片清晰,反映出的知识点明确,能够准确诠释所对应的知识点的内容。在教学过程中使用这些图片能有效地吸引学生注意力,营造生动活泼的教学情境。部分课程的内容比较抽象,因此较多地采用图形来展示对应的知识点,图形内容准确、简明扼要,图面美观,布局合理,能直观地反映出所对应的理论知识。

少量图片的像素较低,当使用投影播放时,清晰度有欠缺;有个别图片出现在不同课程不同知识点中,需要统一协调图片资源的使用。

以下是图片资源的样例(如图附3.17—图附3.21)。

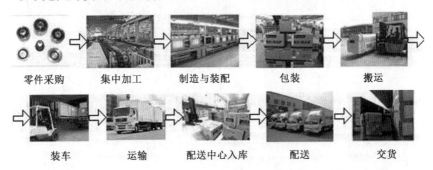

图附 3.17

图附 3.18

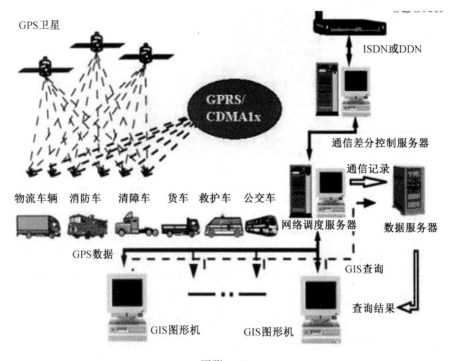

图附 3.19

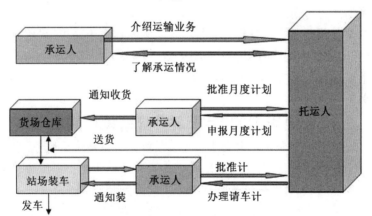

图附 3.20

图附 3.21

七、案例

各门课程均制作完成了任务书及分项目执行书中规定数量的案例资源。案例大体可分为展示型案例及分析讨论型案例。展示型案例能准确而具体地反映所要展示的知识点的内容,将文本、图形、图像、有机地整合在一起,使案例内容图文并茂,避免了传统上案例仅为文字陈述,内容枯燥的弱点。分析讨论型案例的原创性较强,逻辑严谨,有一定的难度,需要学生仔细思考且可能需要查阅一些相关资料才能完成案例提出的问题,这样的案例能调动学生的积极性,使学生主动思考的能力得到锻炼。

当然部分课程中的个别案例也存在着案例内容过于简单,案例篇幅较小的不足,这样的案例在阅读时可能很快浏览而过,没能发挥案例资源应有的作用。

以下是部分案例内容的样例。

案例1

天地华宇的"定日达"营销策略组合

"定日达"是天地华宇面向企业客户提供的高端公路快运服务,它以"准时、安全、服务"作为核心价值,并以高度的时效性和安全性成为中国公路运输的领先品牌。天地华宇2009年初推出"定日达"产品。"定日达"代表了准时、安全、品质服务以及高性价比的公路快运产品。"定日达"完美地迎合了高端货运市场的这种特殊需求,同时也大大提升了国内公路货运业的服务水平。

为了让更多的客户接受"定日达",天地华宇设计了"定日达"营销策略组合并推广实施。

"定日达"营销策略组合的目标是:到2010年底,将"定日达"拓展至国内30个主要城市,建成至少300条"定日达"线路,覆盖800个左右的运营网点,辐射环渤海湾、长三角、珠三角以及中西部经济活跃地区。

附录三　高等职业教育物流管理专业教学资源库建设项目课程资源第三方评价报告(节选)

"定日达"营销策略组合如下。

1. 产品策略

"价格低于航空货运、速度快于公路货运"是天地华宇为"定日达"设计的市场定位。譬如,将货物从广州送到上海原来需要4天的时间,现在仅需2天,虽然比航空货运慢几个小时,但运费仅是航空货运的三分之一。"定日达"产品具有三大核心价值:准时——"定日达"的每辆运输车辆上都安装了GPS全球定位系统,实现了车辆在运输过程中全程追踪,实时监控,并通过严格控制发车时间、车辆在途时间,来确保您的货物准点到达。安全——"定日达"采用国际领先的笼箱运输模式,定制的金属笼箱,双锁运作,箱车从发车至到达全程封闭,确保您的货物安全抵达。服务——"定日达"通过专业的客服团队及全国统一的免费400客服电话,为客户提供一对一的贴心服务;免费为发货方提供到货通知,使客户第一时间获取到货信息。

细分策略:"定日达"确保高速度运输下的稳定,所以目标客户是大客户、高端客户。企业客户成为天地华宇的主攻对象。

宣传策略:正确宣传"定日达"。提高了速度仅仅是"定日达"的表象,"定日达"主要是确保高速度运输下的稳定。

品牌策略:通过"定日达"塑造品牌。"定日达"产品的推出,不仅是对天地华宇现有产品体系的丰富,更重要的是该产品凝结着天地华宇对客户的承诺。通过"定日达",天地华宇要传达的信息是:天地华宇不是做运输的,也不是做仓储的,而是传递承诺的,是为客户传递他对他的客户的承诺的。"定日达"产品成为天地华宇塑造品牌和形象的传播工具。除速度快、费用稍贵外,由于中转次数少,因此货损也维持在一个较低的水平。如此一来,企业客户(货主)对他们的客户(经销商、零售商、终端消费者)所许下的准时、快速、安全等承诺,就通过"定日达"服务传播了过去。

文化策略:加快对基于亲情、血缘、关系的旧华宇文化改造,促进人员、管理的整合,倡导企业持续地尊重员工,员工持续地为客户服务的企业文化。公司严格按照实际工资为所有员工统一缴纳了"五险一金",高度重视员工安全问题,并通过三分钟早操制度保证司机安全(在司机在出车前,一定要做好三件事情:一是整理仪表,因为在外代表的是公司的形象;二是强调驾驶安全规范;三是派人上车检查,排除安全隐患)。

包装策略:所有的汽车涂装、货笼、员工服装、门店装修、仓库(如图附3.22—图附3.25),都实现统一,并且颜色统一协调,以打造天地华宇的统一形象。

图附 3.22　员工的统一服装和统一的汽车涂装

图附 3.23　统一的货笼

图附 3.24　全国统一的仓库

附录三 高等职业教育物流管理专业教学资源库建设项目课程资源第三方评价报告(节选)

图附 3.25 全国统一的门店

产品研发策略：不断对天地华宇的货量、线路、网络数据进行滚动分析，进行规划、设计的优化，以提高速度、降低成本、减少客户货损。

2. 价格策略

中国物流企业大都倾向于把价格做低，实际上公路货运市场总是有中高端需求的。高端市场对服务敏感，而对价格不敏感的。

天地华宇实行优质服务、高端价格的策略。天地华宇不参与价格竞争，运价始终高出其他竞争者，但以高速度、长期稳定的服务赢得客户，让客户感觉服务有所值。

在推广阶段，实行折扣优惠，如 8 折优惠；新线开张阶段，也实行 8 折优惠。对大定单、长期客户进行差别优惠。

3. 渠道策略

自建渠道，而非采取加盟的方式扩大网点。

4. 促销策略

网站促销。

广告促销。推广阶段，在报纸、杂志、广播、网络、电视、路牌、楼宇同时投放广告(如图附 3.26—图附 3.29)，形成广告轰炸效应。正式运行后，只投放广告费用低的网络、电视和楼宇广告。

人员促销。通过调查、上门发广告宣传单、店面营销人员推销的方式进行促销。

营业推广促销。进行赠送天地华宇小公仔等礼品的促销、抽奖促销、活动的参与促销、会议促销(如图附 3.30)。

图附 3.26 "定日达"系列广告

图附 3.27 "定日达"的主题宣传口号

附录三 高等职业教育物流管理专业教学资源库建设项目课程资源第三方评价报告(节选)

图附 3.28　天地华宇的 LOGO

图附 3.29　"定日达"的宣传标志

图附 3.30　推广促销的小公仔和电子称

整个营销方案的预算为 2 200 万,其中广告投放 1 800 万,促销活动和礼品费用 400 万。

后记:实践证明,推广效果良好。无论是投放的试运行期还是正式推出后,"定日达"产品的发货量基本上是以每月数百万的速度在增长,而借助该产品的逐渐深入,天地华宇近年的业绩也是捷报频传。

案例 2

配送送货配载案例

捷运公司是一家家电连锁企业的配送业务承包商,负责该家电企业在 N 市的流通仓库送货业务,即该家电连锁企业在 N 市的所有卖场卖出家电后,均通知该流通仓库送货上门。送货部门的张经理近来愁上眉头:随着国家家电下乡、以旧换新等政策的出台,该家电企业的销售情况持续火爆,配送车辆总是不够用,流通仓库接到卖场发货通知后将要发出的家电产品送到出货口时,经常面临无车可装的窘境,不得不堆在仓库的出货口;产品配送的准时到达率非常低,甚至出现了与客户约好上午11点送到但直到下午4点多才姗姗到达的情况。部门的送货成本费用也直线上升。张经理于是认为运力不足,所以提交了好几份申请,要求购买或租赁货车。而财务部谢经理对此却持强烈反对意见,认为该部门成本已经在直线上升了,再添置新车公司总成本的压力实在太大。而且财务部通过分析以往的数据,提出疑问:现在有8辆5吨的货车,如果每辆平均每天送货两次,那就有80吨的运力,而现在平均每天的送货量大约为50吨,即使最高峰的时候,也不超过65吨。这样算下来运力利用率也只不过60%左右而已,怎么可能运力不够呢?可张经理认为开车的不是财务部,纯粹是不了解情况!要是把货车都装满了,按N市现在糟糕的交通状况,那一天就跑不了两趟;而且货车装满了,装卸货时间将大大增加,也许一趟货都送不完,效率反而要下降。

为了让谢经理转变对送货部门运力使用不充分的看法,张经理邀请谢经理一同到送货作业现场实地察看。在流通仓库的出货口,远远就看见几个工人坐在一边,无所事事的样子。看到张经理走过来,他们似乎有些不好意思地站了起来。出货口的情况不容乐观,一堆堆的各种纸箱包装的家电静静地待在那里,几乎堵塞了仓库出货口的通道。墙上的挂钟显示现在马上要到上午9点了。每天早上9点、下午3点是送货车的发车时间。"这些货为什么不装车啊?"谢经理问道。张经理苦笑着回答道:"是我让他们不要再装了。现在订单越来越多,可我们一趟最多只能送那么多了。"说着张经理打开了旁边一辆正在准备出发货车的车厢门。谢经理看了看车厢内的装车情况,充其量只装满了1/3的车厢空间。"怎么可能呢?这些货差不多只有二十几个客户的订单,你们从早上8点上班,下午5点下班,一天跑两趟还送不完?"谢经理看了送货单之后问张经理。张经理没有直接回答,而是与谢经理一起坐上这辆送货车,实地考察送货的过程。

随着送货车辆穿街走巷,时间飞快地过去。说实话,司机的驾驶水平无可挑剔,对路况了如指掌,送货车在大街小巷内穿梭,巧妙地避开了那些车流拥挤的道路。可出乎意料的是,尽管送货车一刻不停,车厢里的货物减少速度却慢得出奇,一整天奔波下来,却只能跑十几家客户。谢经理对送货员工的勤奋和技术没有置疑,可同时也指出一个现象:送货车就像是在一个迷宫里打转,常常在同一个地方、同一条马路上来回好多次。偶尔还会看到本公司其他送货车擦身而过,其中一辆车甚至在视线中出现过三四次。简言之,送货车从头到尾都在走迷宫,在城里像无头苍蝇一样乱撞。回来后,谢经理在与张经理商谈时说:"一定有什么地方出错了。"张经理也表示同意,但现在业务量这么大,他也一时想不出什么好的办法,迫不得已才申请送货车辆的。

第二天谢经理与张经理一同来到公司领导办公室,各自汇报了情况和想法。了解这些情况后,公司领导决定:送货部门先尝试挖掘现有潜力,财务部门也提前做好预算规划,如果最后确实有必要,可以增购送货车辆。

张经理于是抽时间召开部门会议进行讨论分析,很显然,目前面临的情况是:不装满,不能完成当日送货总量,如果满载,则在规定时间内无法完成作业。但问题症结到底出在哪里呢?是路线选择问题,是送货顺序问题,还是车辆配载问题?

经过激烈讨论,最后的结论分为两种。

第一种认为最大的问题是送货作业的出发点过于迁就客户,结果欲速不达。在同一地区同一天不同时间段往往出现几个客户要送货,结果只考虑满足客户的时间和频率要求,派几个车次分别送货,运力浪费极大,车辆自然就不够用。如果我们送货前与客户充分协商,尽量解决客户需求与送货成本之间的矛盾关系。车辆的载重量及容积就都能得到最充分的利用,那现有的运力就能够满足需要,而且成本还可以降低。

第二种则认为,是目前的送货作业规划存在不足。应该在划分作业片区、构建片区送货路线网络图、分配送货资源、安排送货计划及调度实施方面加以改进。

案例分析要求:你认为,问题症结到底出在哪里呢?如果你是张经理,你觉得应该采纳哪一方的意见,采纳意见后如何具体实施呢?

八、实训

应该说实训这部分内容是物流资源库建设的亮点,除物流基础这门课程由于是对物流知识的整体认知学习而没有单独进行实训设计外,其他9门课程均每章都针对本章中重要的、关键性的技能点设计了相应的实训。实训设计主要包括实训操作说明文本及交互式实训动画。实训项目的技能点选择准确,实训目标明确,实训内容与实训目标一致性较好。实训均模拟实际的工作场景,训练的技能与学生未来从事真实工作岗位的工作内容较为符合,能达到有效提高学生真实工作能力的效果。实训设计的操作步骤详细、规范,可操作性强。实训动画均为交互式动画,学生可以通过这些动画在实训过程,有目的性地运用所学的理论知识,完成相应的实训工作任务,提高工作技能。以实训动画的形式来进行实训,对实训场地及实训物质条件的要求较少,因此具有广泛的适用性,少量实训动画还采用了3D制作,操作过程犹如游戏般有趣,更增加了学生的学习兴趣。

当然也有个别课程的实训需要下载外部播放程序,对实训动画的易用性有一定影响;有的实训动画训练内容上没有问题,但操作过程形式比较单一,趣味性稍有欠缺。

以下是单个实训设计文本内容样例及部分实训动画截图样例(如图附3.31–图附3.34)。

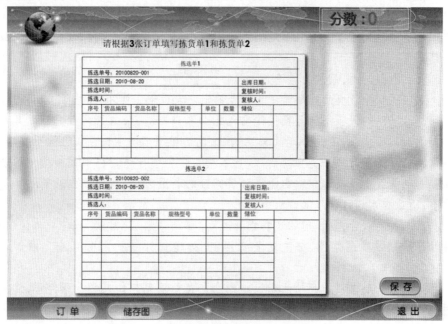

图附3.31

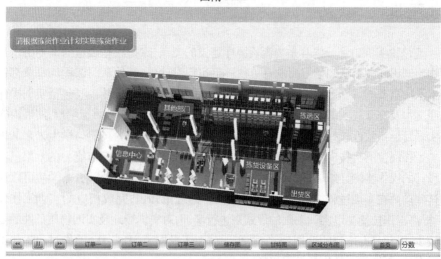

图附3.32

附录三　高等职业教育物流管理专业教学资源库建设项目课程资源第三方评价报告(节选)

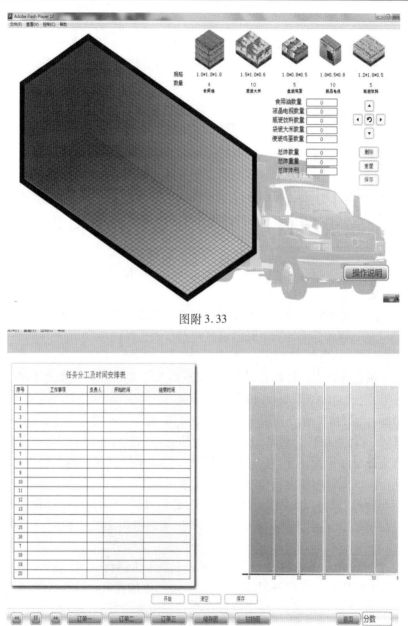

图附 3.33

图附 3.34

附录四

高等职业教育物流管理专业教学资源库建设项目用户使用情况评价报告

(2011年7月—2012年6月)

高等职业教育物流管理专业教学资源库建设项目组
上海天卷信息技术有限公司

高等职业教育物流管理专业教学资源库(以下简称物流资源库)建设项目历时2年,现已进入结题验收阶段。

2011年6月,联合开发团队如期完成了物流资源库建设任务,并开展了1年的培训、应用与推广。同时,通过与行业协会、企业合作,积极探索建立科学有效的物流资源库建设、应用与运行管理机制,尝试保持资源库内容的持续更新,正在逐步实现资源库建设工作的可持续发展。

本着"共建共享、边建边用、以用促改、建用改联动"的原则,以及最大化地实现"用户满意"的建设目标,联合开发团队集中组织力量进行用户使用情况调查。

经过2011年7月—2012年1月的用户现场评价调研后,联合开发团队开始委托第三方机构进行用户使用情况调查,并通过参加高职示范院校物流资源库的推广活动,以及组织教育、物流领域联合专家组调研分析,进行了用户现场体验使用调查,收到了比较满意的效果,获得了第一手翔实、可靠的调研资料,为资源库建设的持续充实、完善提供了宝贵的参考意见。

现将用户评价情况汇总、整理,进行如下汇报。

一、项目概述

物流资源库建设以专业人才培养目标与标准的研究、制定为基础,在已经调研的前提下以工作过程为导向确立专业课程体系,围绕课程教学内容、实验实训、教学指导等几个方面,依据研究确立的高水准的教学资源建设标准,组织采集并开发文字、音频、视频、动画、模拟仿真、网络等多种形式的优质教学资源,构建物流资源库,满足教师及学习者个性化需求。

专业教学资源建设的基本路径如图附4.1。

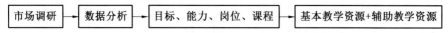

图附4.1

调研分别从院校开设物流管理专业方面和物流企业对物流人才的需求状况两个角度进行。通过数据分析提炼出具有普适性的物流管理专业培养目标、能力体系、岗位群及主要课程。

基本教学资源包括主要课程教材、多媒体课件、试题库、学生实训等。

辅助教学资源包括与课程相关的视频、音频、图形、案例、相关职业标准等。

物流管理专业教学资源库建设的基本框架如图附4.2。

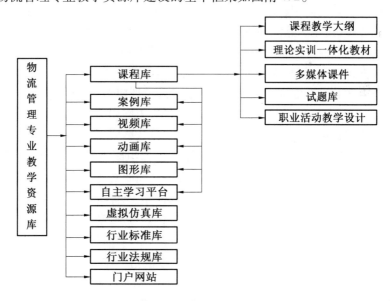

图附4.2

课程库是基本教学资源,主要包括课程教学大纲、试题库、多媒体课件、理论实训一体化教材、职业活动教学设计等。

案例库由部分原创案例及改编案例组成,原创案例由学校与企业共同编写。

视频库由与物流活动要素相关的视频组成,视频为原创录制及购买版权的。原创视频主要由制造业、流通业、第三方物流、交通运输业、农产品、石油化工业等具有代表性的行业物流组成。

动画库由与课程内容直接相关的动画组成。

图形库由各种格式的图构成。

自主学习平台为学生远程自主学习用。

虚拟仿真库由利用信息技术实现的虚拟现实、仿真等形成表现物流业务的软件组成。

行业标准库由物流行业的相关标准组成。

行业法规库由物流行业相关法规组成。

门户网站是物流专业教学资源库的入口,是以上各种资源的整合,除以上各项资源栏外,还包括专业及行业动态、教与学、课程外包等栏目,是为本专业搭建的全国性的信息化应用平台,同时也是校企沟通及合作的平台。

二、规划目标与预期效果

目标之一是全面了解用户需要资源库中的哪些资源,用户如何使用集成后的数字化资源,使用的感觉和效果如何,以及用户需要资源平台的什么功能,等等。在探究用户需求的基础上,不断发现物流资源库建设中不尽如人意的急需改善的地方,不断进行改进、优化和完善物流资源库内涵和运营平台,持续提高用户的使用体验满意度和自我提升需求满足度。期望"在年内达到90%以上的用户对90%以上的评价指标满意"的预期效果,不断提升用户体验满意度和自我提升需求满足度。

目标之二是大量收集用户使用情况调查过程中反馈的改进建议,进行综合加工、整理,不断丰富、完善用户使用情况调查指标体系及其方法,最终完成建立科学的资源库用户使用情况调查方法和指标体系、数字化资源研制标准和专业教学资源平台建设指南等预期目标,为后续的资源库建设提供强有力的方法支持。

目标之三是根据大量采用科学调查方法及其指标体系的问卷调查得到的返馈信息,进行科学研究、提炼,最终实现建立资源库用户使用情况评价方法及其指标体系等预期目标,为后续的资源库建设提供强大的技术规范保障。

三、评价方法

根据高等教育"物流管理专业教学资源库"建设项目任务书中规定的各项建设目标,物流资源库联合开发团队通过反复实践,总结出了"'建、用、改'三果循环联动"评价方法。

"建、用、改"三果是指根据资源库建设目标完成的建设"成果",用户使用资源成果得到的亲身体验"效果",以及根据用户体验效果问卷调查得到的建设目标预期改进"结果"。

三果联动是指资源库"成果"的丰硕度决定了用户体验"效果"的满意度,用户体验"效果"的满意度决定了目标改进"结果"的深广度,目标改进"结果"的深广度决定了资源库"成果"的丰硕度。

三果循环联动是指"成果""效果""结果"三果联动不是一次性的,而是要经历多次循环,以至于反复……每一次循环联动,三果都能得到不同程度的提升。

"'建、用、改'三果联动循环"评价方法是指根据建设目标建设资源库成果,根据针对用户使用资源成果的调查指标体系问卷收集用户体验效果,根据得到的用户体验效果评价指标体系调查获得拟改进的建设目标结果,根据拟改进的建设目标结果充实、完善资源库成果,根据用户使用过程中的各种因素设计调查问题,针对用户评价反映的建设成效进行经验总结,同时也注重查找存在的问题,对资源库进行及时更新与完善。每次联动都促进一果的改进;一次循环包含三次联动,每次循环都促进三果的改进;多次以至于无限次循环,促进三果持续的改进。不断充实完善资源库,持续提高用户满意度和满足度。

"'建、用、改'三果联动循环"评价方法根据资源库建设各个阶段特点,联合开发团队采用了用户现场使用评价、第三方评价及专家评价等多元化的综合评价方法,获得了全面的用户使用情况调查信息,为资源库后续建设的不断完善和持续改进提供了充足的决策信息。

四、评价指标

根据高等职业教育"物流管理专业教学资源库"建设项目任务书,物流资源库建设内容及可监测指标如表附4.1所示。

表附4.1 物流资源库监测指标体系

一级指标	二级指标	三级指标	备注
资源	课程	标准（大纲）	—
		课程	—
		企业案例	—
	素材	文本（案例）	—
		图片	—
		视频	—
		动画	—
	工具	教材	10门核心课程
		自主学习平台（网络课程）	—
		虚拟仿真平台	—
		试题库	—
		行业标准库	—
		行业法规库	—
		门户网站	—
	其他	校企共建资源应用平台	—
		校企共建资源应用平台培训课程	—
课程	物流基础	课程教学大纲	—
	仓储作业管理	职业活动教学设计	—
	配送作业管理	理论实训一体化教材	—
	运输管理	多媒体课件	—
	物流成本管理	试题库	—
	物流信息管理	案例	—
	供应链管理	视频	—
	物流营销	动画	—
	采购管理	图形	—
	国际货运代理		—

续表

一级指标	二级指标	三级指标	备注
平台	虚拟仿真平台	引进企业开发仓储、配送、供应链、物流成本、运输、信息等6个以上虚拟仿真平台	—
	自主学习平台	课程建设中的10门课程远程自主学习平台	—
	行业标准库	建设行业标准信息平台,支持模糊、精确查询,100个行业标准,包括3个以上类别	—
	行业法规库	建设物流法规信息平台,支持模糊、精确查询。50个合同范本,50个物流法规,20个法规案例	—
教材	物流基础	—	10门核心课程教材已经正式由高等教育出版社出版
	仓储作业管理	—	
	配送作业管理	—	
	运输管理	—	
	物流成本管理	—	
	物流信息管理	—	
	供应链管理	—	
	物流营销	—	
	采购管理	—	
	国际货运代理	—	

本着"共建共享、边建边用、以用促改、建用改联动"的原则,最大化地实现"用户满意"的建设目标,根据物流资源库建设内容及可监测指标,进行资源库

建设。

在资源库建设过程中,历经多次用户调查、研究,进行反复推敲、论证,联合开发团队于 2011 年 8 月建立了物流资源库用户评价指标体系,见表附 4.2。

表附 4.2　物流资源库评价指标体系(2011 年 8 月制定)

一级指标	二级指标	三级指标	内涵	测评对象
资源	顶层设计	物流资源库构架合理性	符合物流管理专业建设逻辑	教师
		物流管理专业调研广泛性	涉及全国各区域	教师、企业培训师
		物流管理专业调研科学性	对就业岗位工作项目深入了解	教师
		课程体系设计系统性	充分反映就业岗位实际情况,考虑学生全面发展	教师、员工
		资源素材研制与课程教学的关联度	资源支撑教学的有效性	教师、企业培训师
	教学设计	课程内容选择与就业岗位工作项目关联度	以企业技术应用为重点	教师、员工
		课程内容选择在全国范围的普适性	普适性的专业教学资源	教师、企业培训师、员工
	教学实施	教学实施过程中的实践性	以企业技术应用为重点	教师、企业培训师、员工
		课程实施中实践条件的普适性	以企业技术应用为重点	教师、企业培训师、员工

续表

一级指标	二级指标	三级指标	内涵	测评对象
资源	教学评价	教学评价与课程实践活动的关联度	是否以企业技术应用为重点	教师、企业培训师、员工
		资源素材的可重用性	是否可以嵌入教案重用，是否存在影响使用的标志	教师、企业培训师
		资源素材的丰富性	是否涵盖教学设计、教学实施、教学评价各个方面	教师、企业培训师
		资源素材的质量	界面、清晰度、交互设计等是否良好	全体
		资源素材使用的便捷性	是否短小精悍、格式通用	全体
		资源素材研制的原创性	是否有可能引起知识产权纠纷	全体
		特色资源素材：教学组织指导录像的指导性	对课程教学方法改革的指导作用是否突出	教师、企业培训师
		特色资源素材：项目实施指导录像的指导性	对学生完成学习任务的帮助作用是否突出	学生、员工
		本课程今年是否更新了新资源	每年的更新情况在年底评估	全体
		特色资源素材：虚拟数控机床	对于了解与掌握企业实用高新技术的作用是否突出	全体
	使用价值	示范课程使用价值	使用过程是否借鉴了示范课程，并下载使用课程资源素材	教师、企业培训师
		教学单元使用价值	使用过程是否借鉴了教学单元案例，并下载使用单元资源素材	教师、企业培训师
		同行教学设计指导价值	使用过程中观摩同行的教学设计是否有启发	教师、企业培训师
		学习导航指导价值	学生使用过程中阅读学习导航对课程学习是否有帮助	学生、员工
		课题试题库使用价值	所选课程中是否有成套试卷可供练习	学生、员工

续表

一级指标	二级指标	三级指标	内涵	测评对象
机制	平台服务	个人空间(教师空间或学生空间)开通与使用过程中是否得到过培训指导	您在使用资源的过程中希望得到哪些培训和指导,哪些途经比较有效	全体
		使用过程遇到问题与阻碍,平台服务方响应的速度	遇到问题希望得到怎样的响应	全体
	使用机制	学生使用可承受的经济付出程度	可承受的经济付出	学生、员工
		教师使用可承受的经济付出程度	可承受的经济付出	教师、企业培训师
		学生使用环境制约程度	如您拥有个人电脑,宿舍或教室又有便捷上网条件,您对物流管理专业教学资源库使用愿望将会如何变化	学生
		教师使用环境制约程度	学生个人电脑拥有量达到多少比例,您使用物流管理专业资源库辅助教学的愿望将显著增加	教师、企业培训师
		学生使用机制	借鉴国际经验,学校如果对使用网络资源的学生采用课程成绩奖励政策,您对物流管理专业教学资源库使用愿望将会如何变化	学生
		教师使用机制	借鉴高职院校状态数据平台采集思路,学校如果实现课程教学资源网络提交与管理制度,您对物流管理专业教学资源库的使用愿望将会如何变化	教师
		配套教材出版机制	您是否欢迎与物流管理专业资源库相配套的课程教材	全体

附录四　高等职业教育物流管理专业教学资源库建设项目用户使用情况评价报告

续表

一级指标	二级指标	三级指标	内涵	测评对象
平台	管理性	资源上传	资源上传是否方便,有无大小限制,上传属性设置是否合理,支不支持批量上传	全体
		资源下载	资源下载有没有限制,是否支持在线预览等	全体
		题库管理	支持题目类型丰富,题干和答案支持图文混排,如选择题可选项支持图片、动画等媒体形式	教师、企业培训师
		信息修改	注册用户能否方便地修改个人信息,如教师的个人简介、登录密码等	全体
		界面管理	不同层次的用户能否根据需要定制自己的页面,如教师空间、学生空间等	全体
		资源评价	能否记录资源的被点击、下载次数及用户对资源在线撰写的意见和建议	全体
	交互性	界面	是否风格统一,体现专业特点;屏幕设计是否简洁美观,文本图形等搭配是否协调得当;横向是否滚屏	全体
		导航设计	导航结构是否清晰,是否可自如地访问系统各功能模块,根据导航用户是否能确认当前的文件	全体
		栏目设置	栏目设置是否科学、合理、清晰	全体
		链接设置	链接设置是否明显、准确、无无效链接	全体

续表

一级指标	二级指标	三级指标	内涵	测评对象
平台	交互性	分类查询	常用分类方法是否齐全好用,如按资源媒体类型、课程、字库、点击率、入库时间等检索是否都有	全体
		资源检索	能否根据用户的输入按主题、关键词、内容等多种方式检索,响应速度快	全体
		界面	界面风格是否统一,是否体现专业特点;屏幕设计是否简洁美观,文本图形等搭配是否协调得当;横向是否滚屏	全体
	教学性	策略支持	能否按用户(主要为教师)的要求进行在线教学设计	教师、企业培训师
		工具提供	在线文本编辑器等常用功能是否齐全、好用,是否支持图、文、表格、Flash动画等内容混排	全体
		在线备课	教师能否利用平台和电子资源进行在线备课,备课内容能否上传、下载及编辑是否方便	教师、企业培训师
		资源利用	用户能否方便利用平台中的已有资源进行在线教学组织或加入个人资源收藏等	教师、企业培训师
		班级组织	教师能否管理课程选课学生,在线创建学习班级(即批量导入学生)	教师、企业培训师

续表

一级指标	二级指标	三级指标	内涵	测评对象
教学性		活动组织	教师能否根据需要在线组织教学活动,如分组讨论、学习者之间可以相互交流	教师、企业培训师
		过程指导	教师能否进行在线课程设计指导、毕业设计指导	教师、企业培训师
		在线答疑	是否支持实时和分时答疑指导	全体
		在线作业	教师能否在线布置作业,学习者能否在线做作业,提交附件等,系统能否自动批改客观题	学生、员工
		教学评价	是否支持教师对学生的成绩评定,学习者对教师的教学效果评价	全体
		在线选课	学习者能否根据需要选择要学习的课程,并能管理自己的选课,如退课等	学生、员工
		在线学习	学习者能否根据需要有选择地进行学习,并能记录学习进度,在线写学习笔记等	学生、员工

五、评价周期

物流资源库用户使用情况评价从 2011 年 7 月—2012 年 6 月,历时 12 个月,分为三个阶段进行。

第一阶段为 2011 年 7 月—2012 年 1 月,项目主持院校主要采用用户现场使用评价方法进行用户使用情况调查。

第二阶段为 2012 年 2 月—4 月,主要委托第三方——上海电子商务教育研究所,根据评价指标进行用户使用情况评价调查。2012年3月,联合开发团队组队参加示范高职院校的物流资源库推广活动期间,进行了与用户面对面的现场使用情况调查活动。

第三阶段是2012年5月—6月,联合开发团队又组织了省内教育和物流领域专家进行了现场使用情况调查分析活动,同时根据教育部职业教育与成人教育司要求,参加了资源库验收、使用、推广的网络问卷调查活动。

六、用户抽样及数据采集

1. 第一阶段调查的用户抽样与数据采集

第一阶段用户现场使用情况调查时段为2011年7月—2012年1月,总样本数(截止到2012年1月30日)为在校生用户551人、教师用户149人、企业培训师用户50人、企业员工为主体的社会学习者用户255人,四类用户合计总数为1005人,总样本中,学生∶教师∶企业培训师∶社会学习者为0.5483∶0.1483∶0.0498∶0.2537。

第一阶段数据采集情况为,共获得用户测试调查表格890份,占用户总数的88.56%,第一阶段用户抽样调查表获得情况为学生516份,占学生总用户数的93.65%,教师126份,占教师总用户数的84.56%,企业培训师36份,占企业培训师总用户数的72%,社会学习者212份,占社会学习者总用户数的83.14%。

四类用户样本数之比为学生∶教师∶企业培训师∶社会学习者=0.5798∶0.1416∶0.0404∶0.2382,与总样本数四类用户之间的比例高度接近,这说明调查样本中四类用户构成比例与用户群中四类用户构成比例符合度高,样本具有良好的结构效度。

2. 第二阶段调查的用户抽样与数据采集

第二阶段第三方的使用情况调查时段为2012年2月—2012年4月,上海电子商务教育研究所的用户使用情况调查从2012年2月1日开始,到2012年4月30日截止,数据采集情况为:有效问卷2994份。其中,学生用户有效问卷2217份,教师用户有效问卷451份,企业员工用户有效问卷251份,企业培训师用户有效问卷75份。

第二阶段用户抽样情况为:学生用户比例最高,占74.05%;教师用户占15.06%,比学生用户低59个百分点,在使用专业教学资源库的学生用户中,大二学生用户比例最高,占58%,其次为大一学生用户,占33%。由于本建设项目尚处在推广使用初期,企业员工用户和企业培训师用户还较少,比例仅占5.25%,在使用专业教学资源库的企业员工用户中,工作3年以上的企业员工比例最高,占73%。

第二阶段用户抽样中学生用户与教师用户比例与总样本中的比例接近,结构效度好,而企业培训师与企业员工比例与总样本比例稍有差距,结构效度稍低。

3. 第三阶段调查的用户抽样与数据采集

第三阶段由专家组组织、开展了现场使用情况调查的时段为从2012年5月至,2012年6月30日,高等职业教育物流资源库中注册总人数为7 646人。其中,教师、学生、企业员工三类用户占多数,分别占5.70%(436人)、41.77%(3 194人)和46.83%(3 581人),其他用户占5.69%(435人)。

第三阶段数据采集情况为:共采集760个用户。第三阶段用户抽样情况为:教师占6.03%、学生占43.70%、企业人员占45.52%,其余为技术管理人员、行政管理人员、技术科研人员、教育科研人员等,占4.75%。

第三阶段用户抽样中,学生、教师、企业人员结构比例与总样本接近,结构效度高。

七、用户反馈数据分析

为更好地完成专业教学资源库的建设,项目组在全国范围内进行了物流人才培养调研。本次调研包括153所高职院校和258家物流企业,涉及22个省市自治区。采用物流问卷方式及个别访谈方式进行调查。希望对企业和高职院校两方面进行详尽的调查,描述物流人才培养的现状,找出存在的问题并提出解决问题的思路。为高职物流专业人才培养及物流专业资源库建设提供依据。

从问卷反馈情况看来,物流管理专业教师最需要的基本教学资源是学生实训手册,81%的学校选择了该项,其次是电子教案,有62%的学校选择,再次是题库,42%的学校对此有需求,接下来是教学大纲,需求度为36%,教材的需求度为33%,其他资源的需求为13%。

辅助教学资源中需求最大的是视频,80%的学校选择了该项,其次是案例,76%的学校对此有需求,教学软件的需求达73%,对教学动画的需求为55%。

物流管理专业主要课程的企业与学校认可度如表附4.3所示。

表附4.3 物流管理专业主要课程的企业与学校认可度

课程名称	"非常重要"选项认可度		分析
	学校	企业	
物流基础	56	83	企业非常关注基础
仓储作业管理	75	73	企业、学校观点基本相同
配送作业管理	70	69	企业、学校观点基本相同
运输管理	72	70	企业、学校观点基本相同
物流信息管理	53	82	企业关注资源整合及效率
物流成本管理	33	72	企业非常关注利润
供应链管理	36	71	企业关注整体
采购管理	34	64	企业物流关注此项
物流营销	47	63	企业关注客户
国际货运代理			国际货运代理在国家《物流师国家职业标准》中列为一种岗位,在调研中企业选择这门课程的较多
其他			在其他选项中企业与学校对电子商务的关注非常高,这说明物流在未来的发展中由粗放型转向智能型,这种转型值得我们重视

综合历次用户使用情况评价数据,主要反馈数据分析如下。

1. 满意度

用户对专业教学资源库的满意度为93.6%,教师用户、学生用户对专业教学资源库的满意度分别为92.8%、94.1%。大二学生用户对专业教学资源库的满意度为95.3%,分别比大一(91.9%)、大三(89.3%)学生用户高3个百分点和6个百分点。

不满意的原因。总体来看,用户不满意专业教学资源库的主要原因是提供的内容不够丰富(64.7%),其次是系统的反应速度太慢(40.4%)。其中,教师用户不满意专业教学资源库的主要原因是提供的内容不够丰富(75.2%),其次是平台操作复杂、提示不好(49.3%);学生用户不满意专业教学资源库的主要原因是提供的内容不够丰富(60.2%),其次是系统的反应速度太慢(48.9%)。

2. 平台功能

教师用户使用专业教学资源库最多的功能为教学设计编辑(74.8%),满意度也最高,为95.4%;使用比例最少的功能为在线答疑(50.3%),满意度较低,为67.8%。学生用户使用专业教学资源库最多的功能为在线选课(76.7%),满意度为93.1%;使用比例最少的功能为进行在线课程、毕业设计指导(47.5%),满意度为90.9%。

交互性功能的满意度。用户对专业教学资源库交互性功能满意度最高的分别为界面设计(92.3%)和分类查询(90.8%),最低的为资源检索(84.8%)。其中,教师用户对界面设计的满意度最高,为95.3%;学生用户对分类查询的满意度最高,为92.7%;企业员工用户对资源检索的满意度最高,为96.8%。

管理功能的满意度。教师用户对专业教学资源库管理功能满意度最高的为资源上传(92.1%),最低的为资源下载(80.8%);学生用户满意度较高的为作业功能、在线答疑、学生空间管理,均为90.3%,较低的为信息修改的方便性(84.6%);企业员工用户满意度最高的为信息修改的方便性(94.6%),最低的为资源下载(89.6%)。

3. 课程评价

用户借鉴过专业教学资源库中示范课程并下载的比例为70.8%。其中,教师用户借鉴过专业教学资源库中示范课程并下载的比例为88.4%,高于学生用户(76.3%)12个百分点,低于企业员工用户(92.6%)4个百分点。

专业教学资源库中"国际货运代理"示范课程被用户借鉴并下载的比例最高,为43.8%,满意度为91.5%;最低的是"物流基础"(32.6%),满意度为90.3%。

教师用户借鉴过专业教学资源库示范课程并下载的比例最高的是"配送作业管理"(48.7%),满意度为94.6%;最低的是"物流营销"(14.2%),满意度为90.7%。

学生用户借鉴过专业教学资源库示范课程并下载的比例最高的是"运输管理"(49.7%),满意度为95.6%;最低的是"供应链管理"(32.6%),满意度为90.1%。

大一、大三学生用户借鉴过专业教学资源库中"物流信息管理"示范课程并下载的比例最高,分别为65.2%、66.7%;大二学生用户借鉴过专业教学资源库中"仓储作业管理"示范课程并下载的比例最高,为53.7%。

教师用户认为借鉴过的示范课程中最重要的课程比例最高的是配送作业管

理(19.3%)、物流成本管理(15.8%)、采购管理(12.3%);比例最低的是国际货运代理(5.7%)、物流基础(5.4%)、物流信息管理(4.5%)。

学生用户认为借鉴过的示范课程中最重要的课程比例最高的是供应链管理(21.8%)、运输管理(19.8%)、物流成本管理(12.4%)。大一、大二学生用户认为借鉴过的示范课程中最重要的课程比例较高的分别为物流信息管理(45.4%)、物流营销(31.8%)。

4. 资源素材

"仓储作业管理"和"配送作业管理"这两门学生用户认为最重要的示范课程中,资源素材满意度最高的均是素材的科学性,满意度分别为99.60%和97.3%;最低的均是素材的丰富性,分别为90.7%和83.5%。"供应链管理"课程对学生帮助较大的资源素材为技术介绍文本文件(71.6%)、动画(65.7%);"运输管理"课程对学生帮助较大的资源素材为教学设计文本文件(65.7%)、试题库(59.7%)。

5. 用户体验

浏览速度体验中,专业教学资源库网站的页面打开速度总体评价中认为"打开速度较慢,有待提高"的比例最高,为65.3%,其中,教师和学生用户持此观点的占64.6%,企业员工和培训师用户占72.4%。主要原因是教师和学生主要使用教育网,而企业使用非教育网。

放弃浏览的原因中,用户放弃浏览专业教学资源库最主要的原因是"打开时间较长或者无法打开"(51.8%),其次是"得不到想要的信息"(48.7%)。其中,教师和学生用户放弃浏览专业教学资源库最主要的原因均是"打开时间较长或者无法打开"(比例分别为54.1%、48.5%);企业员工用户放弃浏览专业教学资源库最主要的原因是"专业教学资源库网站的界面过于复杂,难以了解"(66.4%)。可见,使用教育网和非教育网放弃浏览的主要原因不同。

6. 障碍分析

教师用户使用专业教学资源库最大的障碍是资源库服务器响应速度慢(47.8%),其次是学生电脑拥有率不高(46.1%)。学生用户使用专业教学资源库最大的障碍是缺乏上网条件(44.6%),其次是多数情况下资源库服务器响应速度慢(42.2%)。企业员工用户使用专业教学资源库最大的障碍是企业缺少鼓励员工使用专业教学资源库的推进机制(70.3%)。

八、评价结论

综合用户使用的三个调查阶段,形成如下评价结论。

1. 建设成效

按照共建共享、边建边用的原则,结合专业、课程、素材三层框架的建设框架,充分发挥了企业在资源建设中的作用,建设内容以企业需求为主进行提炼,广泛吸纳了包括双证教育在内的社会培训与教育资源,建设目标任务全部按时完成。

(1)专家评价认为,高职物流资源库建设,推动了高职课程建设与教学创新,促进了职业教育学习模式的变革,实现了优质教育资源的共建共享,加速了职业教育的信息化。项目建设目标明确,思路清晰,项目组在缺少可借鉴先例的情况下,进行了大量开创性的探索,积累了许多成功的经验。

(2)多数参与调查人员认为,物流资源库网站设计较好,教学资源内容丰富、实用,课程开发思路清晰、系统性强,对学习和工作帮助很大。10门核心课程已经正式由高等教育出版社出版。据平台运行方统计,目前物流资源库中的资源如表附4.4—表附4.6。

表附4.4 资源一览表

资源类型	内容	数量
课程资源	标准(大纲)	10
	课程	10
	企业案例	50
素材资源	文本(案例)	1 169
	图片	5 483
	视频	475
	动画	775
工具资源	教材	10
	自主学习平台(网络课程)	10
	虚拟仿真平台	10
	试题库	10
	行业标准库	1
	行业法规库	1
	门户网站	1

续表

资源类型	内容	数量
其他	校企共建资源应用平台	各类资源总量:129 587
	校企共建资源应用平台培训课程	48

表附4.5 核心课程

课程名称	监测指标					
	基本资源	原创案例	改编案例	原创视频	改编视频	动画	图形
物流基础	课程教学大纲	5	197	5	138	251	500
仓储作业管理		5	50	5	20	50	500
配送作业管理		5	74	5	30	71	519
运输管理	职业活动教学设计	5	58	5	20	56	510
物流成本管理		5	50	5	23	50	500
物流信息管理	理论实训一体化教材	5	54	5	24	61	500
供应链管理	多媒体课件	5	76	5	29	67	555
物流营销		5	400	5	78	56	887
采购管理	试题库	5	88	5	35	50	500
国际货运代理		5	72	5	28	63	512
合计		50	1 119	50	425	775	5 483

表附4.6 专业平台

项目名称	指标
虚拟仿真平台	引进企业开发仓储、配送、供应链、物流成本、运输、信息等6个以上虚拟仿真平台
自主学习平台	课程建设中的10门课程远程自主学习平台
行业标准库	建设行业标准信息平台,支持模糊、精确查询,100个行业标准,包括3个以上类别
行业法规库	建设物流法规信息平台,支持模糊、精确查询,50个合同范本,50个物流法规,20个法规案例

续表

项目名称	指标
门户网站	主要功能： 1. 企业会员:100 所物流企业注册,校企合作平台 2. 学校会员:100 所有物流管理专业的学校注册 3. 就业岗位:每年提供 100 个物流相关就业岗位信息 4. 教学心得:向同行教师提供教学心得交流的平台

(3)根据第三阶段用户使用情况调查数据,截止到 2012 年 6 月 30 日,物流资源库中注册总人数为 7 646 人,其中,教师、学生、企业员工三类用户占多数,分别占 5.70%(436 人)、41.77%(3 194 人)和 46.83%(3 581 人),其他用户占 5.69%(435 人)。用户使用资源库时间 10—30 分钟占了 35.16%、30—60 分钟占了 40.51%、1 小时以上占了 15.83%,用户使用物流资源库的主要目的分别为进行专业学习(70.08%)、教学辅助(64.10%)、搜索下载资源(57.32%)和了解行业动态(52.17%)等,物流资源库共享效果得到了明显的体现。

2. 存在的问题

在利用"'建、用、改'三果循环联动"评价法对资源库进行及时更新与完善过程中,根据用户使用过程中的各种因素设计调查问题,针对用户评价反映的建设成效进行经验总结的同时,也注重查找存在的问题。

(1)资源库中的资源类型、数量、内容还不够丰富。

学生用户要求增加交互类、视频类、动画类等多媒体资源,教师用户要求增加课程相关的教案、教学计划、授课计划、讲义及授课 PPT 等资源和典型的教学案例,专家建议将使用资源库学习的成功个案加以提炼总结,予以推广,失败个案加以反思,改进完善。

(2)资源平台可用性期待进一步优化。

用户反映比较多的意见是:资源访问缺少智能性,平台结构复杂,访问路径长,智能查询还不够先进,资源下载不够方便;功能导航设计不符合普通学生用户习惯,链接稍显混乱,便捷性的查询功能不够,提高学习兴趣、可视化学习结果评价等功能较欠缺。专家建议优化版面设计,简化界面之间的切换,提供资源库架构说明和使用向导。

(3)资源组织与展现还不够合理。

用户反映资源结构复杂、展示层次过多;作品格式不统一,多媒体资源部提供访问工具下载,使用不便;网速相对较慢;多媒体资源没有压缩优化处理。这些都是影响资源展示的瓶颈问题。用户要求资源库平台提供人性化的、可靠的访问服务。专家建议提供必要的资源使用辅助链接与展示引导性课件,以帮助用户了解物流资源库的资源组织结构,更好地使用资源作品。

(4)平台运行受硬件的限制。

用户反映网站浏览、资源访问不畅通,用户有抱怨,要求改进,提供可靠的服务。专家建议硬件支持投入加大,应有序、衔接、持续、后续地投入跟进。

(5)项目体制机制还不完善。

联合开发团队成员感觉资源库运行、管理存在沟通不畅、协调低效等问题,期待改善。专家建议不断完善资源库持续建设、发展和应用的体制机制建设。

专家还建议要加大宣传力度,让更多的人参与建设、共享成果,建立长期运营机制。

3. 后续的建设规划

项目开发团队在充分认识到存在的问题,以及虚心听取专家的建议后,已经着手整改,并制订后续的建设规划。

(1)以数字化学习资源应用为核心广泛开展混合式教学,提高人才培养质量。

(2)加快适应物流项目教学、情景教学、角色扮演的数字化教学资源开发。

(3)加快后续管理学基础、经济学、电子商务等大类专业通用平台课程建设,以及港口物流、铁道物流、航空物流等专业方向模块课程建设。

(4)以认证为抓手,实现专业与产业、课程内容与职业标准、教学过程与生产过程、学历证书与职业资格证书、职业教育与终身学习的深度对接。

(5)充分利用现代信息技术改造提升传统教学,以信息化带动职业教育现代化。

(6)进一步拓展适合物流虚拟实训、仿真教学、形象化教学的软件开发。

(7)进行市场化(商业化)运营的体制机制设计,确保专业教学资源库的持续建设、发展和应用。

(8)整合政府、行业、企业、社会和院校各类资源,把物流专业资源库建设成为物流行业的一个"淘宝网"。

附件:高等职业教育物流管理专业教学资源库调查问卷

附件：

高等职业教育物流管理专业教学资源库调查问卷

尊敬的访客,您好！欢迎试用国家高等职业教育"物流管理"专业教学资源库网站。请花5分钟的宝贵时间填写这份问卷,您的宝贵意见和诚挚建议将有助于我们及时了解教学需求、完善资源库内容和资源库网站建设。感谢您的大力支持！

本调查旨在了解高等职业教育教学中教学资源的使用情况,您反馈的信息我们会保密,且只做统计之用。感谢您的积极参与。

一、基本信息

1. 您的身份：(单选)
○教师用户　　　○学生用户　　　○企业用户　　　○社会学习者
○其他用户

2. 您目前所在年级为：(单选　针对学生用户)
○大一　　　　　○大二　　　　　○大三　　　　　○其他

3. 您目前工作的年限总计为：(单选　针对非学生用户)
○3年及以下　　　　　　　　　　○3年以上,5年及以下
○5年以上　　　　　　　　　　　○不回答

4. 您使用物流教学资源库的频率为：(单选)
○每天一次　　　○每天几次　　　○一周一次　　　○一周几次
○一月几次　　　○一年几次　　　○不回答

二、基本评价

5. 您对物流教学资源库内容的总体满意度为：(单选)
○非常满意　　　○很满意　　　　○满意
○不满意　　　　○很不满意　　　○其他

6. 您愿意利用物流资源库中的教学资源进行教学或学习吗？(单选)
○非常愿意　　　○愿意　　　　　○一般　　　　　○不愿意

7. 您认为物流资源库中的教学资源的质量如何？(单选)
○很好　　　　　○比较好　　　　○一般　　　　　○不好

8. 您对物流教学资源的使用方便程度是否满意？(单选)
○非常满意　　　○满意　　　　　○一般　　　　　○不满意

9. 您认为物流资源库网站对您的教学/学习/工作是否有所帮助？(单选)

○很有帮助　　　　○一般　　　　　○帮助较小　　　　○没有帮助

10. 对于物流教学资源库,您认为哪些资源对您最有帮助?（多选）
□PPT课件　　　　　　　　　　□实训现场、企业工作视频
□教学录像　　　　　　　　　　□素材库（包括音像、图片、动画等）
□虚拟仿真软件　　　　　　　　□数字化教材
□案例库、项目库　　　　　　　□教学设计方案
□其他请注明_____

11. 您多长时间浏览一次物流资源库网站?（单选）
○这是第一次　　○有需要时　　○每月　　　　○每周
○每天

12. 您每次访问物流资源库网站的时间一般是:（单选）
○5—10分钟　　○10—30分钟　　○30—60分钟　　○1小时以上
○其他_____

13. 您是如何知道物流资源库网站的?（单选）
○通过搜索引擎　　　　　　　　○通过高职高专教育网
○别人推荐　　　　　　　　　　○宣传媒介（包括会议等）
○其他_____

14. 您准备将物流资源库网站推荐给其他人吗?（单选）
○强烈推荐　　　○推荐　　　　○不推荐
○建议别人不用浏览　　　　　　○其他_____

15. 您认为物流资源库网站的页面设计和整体风格如何?（单选）
○很好　　　　　○比较好　　　○一般　　　　○差
○很差

16. 您认为物流资源库网站的信息更新时效性如何?（单选）
○很好,实现了同步更新　　　　○比较好
○一般　　　　　　　　　　　　○更新较少
○几乎不更新

17. 您觉得物流资源库网站浏览方便吗?（单选）
○方便　　　　　○比较方便　　○一般
○不方便　　　　○很不方便

18. 通过浏览物流资源库网站,您觉得您对物流的了解如何?（单选）
○很清楚　　　　○比较清楚　　○一般　　　　○不太清楚
○很不清楚　　　○还无法确定

三、资源库特色与作用评价

19. 您访问物流资源库网站的主要目的是:(多选)
□教学辅助　　　□学习专业知识　□资源搜索下载
□了解行业信息　□其他_____

20. 您喜欢物流资源库网站的哪些栏目或经常访问哪些栏目:(多选)
□资源中心　　□教学中心　　□学习中心　　□素材中心
□校企合作　　□技能大赛　　□就业服务　　□职业认证
□动态资讯　　□企业案例　　□虚拟仿真　　□核心课程

21. 您是否经常访问动态资讯了解最新的物流文化知识:(单选)
○经常访问　　　○偶尔访问　　　○从不访问

22. 您对物流企业一线采集的企业案例的满意度为:(单选)
○非常满意　　○很满意　　　○满意
○不满意　　　○很不满意

23. 您经常访问的物流资源库项目课程为:(多选)
□仓储作业管理　　□配送作业管理　　□采购管理
□运输管理　　　　□物流信息管理　　□物流营销
□物流成本管理　　□供应链管理　　　□国际货运代理
□物流基础

24. 学习包是课程中心10门示范课程的特色模块,您对经常访问的课程学习包的满意程度为:(每行单选)

教学设计:○非常满意　○很满意　○满意　○不满意　○很不满意
教学课件:○非常满意　○很满意　○满意　○不满意　○很不满意
教学录像:○非常满意　○很满意　○满意　○不满意　○很不满意
演示录像:○非常满意　○很满意　○满意　○不满意　○很不满意
学习手册:○非常满意　○很满意　○满意　○不满意　○很不满意
任务工单:○非常满意　○很满意　○满意　○不满意　○很不满意
测试习题:○非常满意　○很满意　○满意　○不满意　○很不满意
企业案例:○非常满意　○很满意　○满意　○不满意　○很不满意

25. 请您对物流教学资源库中功能进行满意度评价。

	非常满意	很满意	满意	不满意	很不满意
学习导航	○	○	○	○	○
教学资源上交保存功能	○	○	○	○	○
管理选课及班级	○	○	○	○	○
作业试题	○	○	○	○	○
课程门户	○	○	○	○	○
学习跟踪	○	○	○	○	○
在线答疑	○	○	○	○	○

26. 请您对物流资源库交互性的各方面满意程度进行评价。

	非常满意	很满意	满意	不满意	很不满意
界面设计	○	○	○	○	○
导航设计	○	○	○	○	○
分类查询	○	○	○	○	○
资源检索	○	○	○	○	○

27. 请您对物流资源库管理功能的各方面满意程度进行评价。

	非常满意	很满意	满意	不满意	很不满意
资源上传	○	○	○	○	○
资源下载	○	○	○	○	○
题库使用	○	○	○	○	○
信息修改的方便性	○	○	○	○	○
个人中心管理	○	○	○	○	○

28. 您在课程教学资源库的使用中：

	是	否
是否借鉴下载使用资源	○	○
是否需要来自平台的有效帮助	○	○

四、改进建议

29. 您在浏览物流资源库网站时感觉页面打开速度:(单选)
○很快 　　　　　　　　　○很慢,有待提高
○非常慢,会卡住 　　　　 ○页面无法打开
○不回答

30. 如果您放弃浏览物流资源库网站,往往是由于什么原因:(多选)
□打开时间较长或无法打开
□排版不合理,看起来不舒服
□得不到想要的信息
□网站界面过于复杂
□没有较好的用户互动
□其他_____

31. 您认为使用物流教学资源库最大的阻碍为:(多选)
□缺乏上网条件
□电脑拥有率不高
□上网费用高
□操作过于复杂
□资源库服务器响应速度慢
□学校缺少鼓励教师使用数字化提高教学效率的推进机制
□其他_____

32. 您觉得物流资源库还应该增加哪些功能?(多选)
□论坛　　　　　□微博　　　　　□讨论群
□针对每个资源的使用评价　　　□使用与分享评级
□其他_____

33. 您愿意加入物流资源库及其网站建设吗?(单选)
○很愿意　　　　○愿意　　　　○不愿意
○非常不愿意　　○无所谓

34. 您对物流资源库网站的总体评价是:(单选)
○很好　　　　○比较好　　　　○一般
○差　　　　　○很差

35. 您对物流资源库网站还有哪些具体建议?

再次感谢您的积极支持和无私奉献。

附录五

职业教育物流管理专业教学资源库项目升级改进总结报告(节选)

按照教育部《关于做好职业教育专业教学资源库 2016 年度相关工作的通知》【教职成司函〔2016〕61 号】要求,项目组对物流管理专业教学资源库升级改进建设情况进行了认真的总结,现报告如下。

一、项目建设基本情况

1. 改进前物流管理专业教学资源库建设概要

职业教育物流管理专业教学资源库建设项目由宁波职业技术学院作为主持单位自 2009 年 6 月按照"共建共享、边建边用"的原则开始建设,2010 年 8 月获得教育部立项,2011 年 6 月建成,2011 年 7 月起全面应用和推广,2013 年 1 月通过教育部验收。

物流资源库以门户网站和学习配套在线课程为核心、长风网互动平台为辅助,以工作过程导向确立专业课程体系,围绕线上线下结合的教、学、训及指导、考核等方面要求,集案例、视频、动画、图形、模拟仿真等素材库以及网络课程自主学习平台、行业标准库和法规库于一体,满足各类学习者需求。有注册学校 293 个,注册师生人数 41 643 人,注册企业员工 21 606 人,社会用户 9 717 人。

物流教学资源建设以专业人才培养目标与标准的研究、制定为基础,在已经调研的前提下以工作过程为导向确立专业课程体系,围绕课程教学内容、实验实训、教学指导等几个方面,依据研究确立的高水准的教学资源建设标准,组织采集并开发文字、音频、视频、动画、模拟仿真、网络等多种形式的优质教学资源,构建物流管理专业教学资源库,满足教师及学习者的个性化需求。

基本教学资源包括主要课程教材、多媒体课件、试题库、学生实训等。

辅助教学资源包括与课程相关的视频、音频、图形、案例、相关职业标准等。

门户网站是物流专业教学资源库的入口,是以上各种资源的整合,除以上各项资源栏目外,还包括专业及行业动态、教与学、课程外包等栏目,是为本专业搭建的全国性信息化应用平台,同时也是校企沟通及合作的平台。

2. 升级改进阶段物流管理专业教学资源库建设概要

根据《教育部关于确定职业教育专业教学资源库2015年度立项建设项目及奖励项目的通知》【教职成函〔2015〕10号】和《职业教育专业教学资源库建设工作指南(2015)》相关要求,在已有的物流专业教学资源库基础上,更新完善物流专业优质教学资源共建共享,进一步推动职业教育物流专业教学改革,扩展教与学的手段与范围;带动教育理念、教学方法和学习方式变革,提高人才培养质量;重点为全国物流相同(相近)专业的教学改革和教学实施提供范例和优质资源。探索基于资源库使用的学习、培训等学习成果认证、积累和转换机制;为社会学习者提供资源和服务,增强职业教育社会服务能力,以形成灵活开放的终身教育体系、促进学习型社会建设提供条件和保障为宗旨,进一步建设和发展原有资源库的资源。

继续联合国内优势专业院校,依托物流行指委,通过校际合作、校企合作、产教融合的模式,整合院校和行业资源,建设具有"能学""辅教""培训"等多重功能的教学资源库和多平台的应用体系,规范和引领全国的职业院校物流管理专业教学改革,促进泛在、移动、个性化学习方式的形成。实现在线学习、辅助教学、培训交流等多种功能,成为活跃度较高并持续应用的资源库。建设总体目标如下。

(1)梳理提升物流资源库建构逻辑,实现"能学、辅教"功能。

对原有资源库内容的梳理,使得凡有学习意愿并具备基本学习条件的职业院校学生、教师和社会学习者,均能够通过自主使用资源库实现系统化、个性化学习,提升"能学"功能;通过对原有资源库教学辅助功能的升级,提升资源库的"辅教"功能,教师可以针对不同的学习对象和课程要求,利用资源库灵活组织教学内容、辅助实施教学过程,实现教学目标。

(2)建设技术先进、实用、便捷的物流资源库应用平台。

以移动互联技术为支撑,完善资源库平台。以大数据分析为基础,建设具有学习引导、课程学习、网络指导、评价测试、知识拓展、仿真训练等功能的在线学习和辅助教学资源平台;扩大资源库平台的服务范围,将资源库的用户扩展到企业和社会学习者。

(3)完善物流资源库建设应用质量保障体系。

针对资源库的建设者、学习者和管理者制定各项应用激励制度和经费使用制度,构建规范的资源库建设和应用机制,保障资源优质、高效运行及可持续应用。

根据教育部相关要求,结合已有物流管理专业教学资源库建设基础,设定资源库升级改进的整体框架如图附5.1。

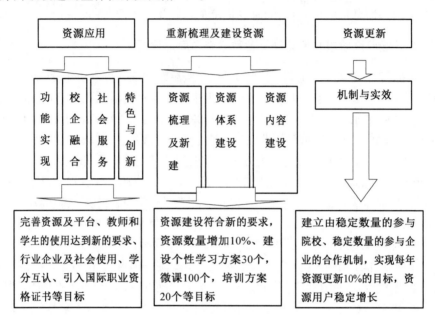

图附5.1

二、任务书规定建设目标的完成情况

1. 资源梳理及新建完成情况

主要建设内容包括:梳理专业知识点和技能点,完善课程的知识树;每一门课程根据地方物流行业发展的新特点、新技术,建设拓展资源;使资源在数量上增加10%,实现资源冗余。

检测指标实现情况:全部完成。完成了10门课程的知识树;研究物流行业发展前沿技术和新成果,完成了10门课程中近两年知识和技能更新部分的调整与改进,对原有资源进行了修订;建设更新了10门课程,完成了10门课程资源库平台的移库工作,库内资源总数达到10 312条,2016年更新资源10.1%,每门课程调用资源数超过800条,实现了资源冗余,且资源质量达到新的建设要求,更新和新建资源以视频、动画等动态资源为主,更新资源的文图占比为48.5%。

2. 资源体系建设完成情况

主要建设内容包括：针对岗位群的学习方案建设；积件及模块的建设；资源颗粒化之后的知识树体系建设。

检测指标实现情况：全部完成。按照以学习者为中心的要求，每一门课程针对课程对应的岗位（群），制定了3个学习方案，总数量达到了31个；微课总数量达到114个；将资源颗粒化，将原有的资源进行改编，如视频的剪辑和分割，同时使颗粒化资源系统化，建立颗粒化资源与知识树对应关系；联合共建企业共同开发资源，使用资源。

3. 资源内容建设完成情况

主要建设内容包括：测评系统建设；企业培训方案建设；教学过程的完善与建设。

检测指标实现情况：全部完成（如表附5.1）。在原有资源库专业介绍、人才培养方案、教学环境、网络课程的基础上，在网络课程平台上增加了测评系统；每一门课程设计了2个培训方案，总方案达到了20个；新的资源库平台功能实现了资源涵盖教学设计、教学实施、教学过程记录、教学评价等各个环节；将国家人社部助理物流师资格考试的内容体现在建设资源之中。以运输管理课程为例，将人社部助理物流师资格考试货物运输合同、货物运费的计算、货物运输保险、货物运输计划、运输调度、运输单证、运输合理化等相关内容纳入到课程内容中，并对应开发建设了相关的文本、图像、动画、视频、微课等资源。实现了课程内容与职业资格认证的充分融合。

表附5.1　物流资源库项目升级改进建设计划完成情况统计表（资源建设）

建设项目	建设点	任务书监测指标	计划完成	实际完成	完成比
重新梳理及更新资源	资源梳理及新建	课程知识树	10门	10门	100%
		课程资源总量	8 800条	10 312条	117%
		新更新资料文图比	不超过50%	48.5%	106%
	资源体系建设	新制定学习方案	30个	31个	103%
		新制作微课	100个	114个	114%
	资源内容建设	课程测评系统	有	有	100%
		课程培训方案	20个	20个	100%

三、项目应用与推广成效

奖励项目建设期为2015年8月—2015年12月,完成了平台架构和资源完善工作,同时在参与建设的院校和企业范围内逐步应用推广资源库,并初步建立推广应用的体制机制;项目建设学校推广期为2016年1月—2016年12月;项目建设后期(2017年起)重点面向全社会推广,将资源库应用推广到其他高职院校、行业企业和社会学习者。项目各项情况统计表如表附5.2-表附5.5。

表附5.2　物流资源库移库新平台使用情况统计表

统计期间:2016年9月—12月

访问人数	学习人数	授课团队数	作业提交数
593 342	10 785	219	2 787

表附5.3　物流资源库移库新平台各门课程使用情况统计表

统计期间:2016年9月—12月

序号	课程名称	浏览人次	注册学习人数	访客数
1	配送作业管理	101 865	1 813	737
2	物流基础	52 884	920	278
3	运输管理	84 440	1 248	364
4	仓储作业管理	78 216	1 519	604
5	国际货运代理	33 560	910	561
6	物流成本管理	45 360	546	193
7	物流信息管理	21 447	467	196
8	采购管理	75 855	1 085	337
9	供应链管理	94 536	1 482	831
10	物流营销	4 977	630	253

表附5.4　物流资源库移库新平台新增企业员工用户统计表

统计时间:2016年12月

企业员工用户分布省份	企业员工用户注册数
河南	108
广东	268

续表

企业员工用户分布省份	企业员工用户注册数
北京	187
天津	51
浙江	190
上海	57
山西	53
合计:7个省市	914

表附5.5 物流资源库移库新平台新增社会学习者统计表

统计时间:2016年12月

社会学习者分布省份	社会学习者注册数
北京	43
江苏	79
广东	87
天津	46
福建	35
浙江	57
山东	95
湖南	17
湖北	38
河南	29
河北	35
辽宁	28
重庆	17
四川	22
不详	123
合计	751

四、典型学习方案

按照物流管理教学资源库任务书的要求,每一门课程针对课程对应的岗位(群),制定了至少3个学习方案,总数量31个。每一门课程设计了2个企业培训方案,总设计方案达到了20个。典型学习方案,考虑了课程的核心技能及学生的学习基础及学习特点,示范性提出了资源库学习的方案,给各类在资源库上面学习的学员提供了学习的方法;针对企业培训编制的培训方案,给资源库使用学校提供了开展企业培训的方向,为推进资源库在行业企业界的应用提供了方向及内容方面的参考。

典型学习方案案例:

《配送作业管理》订单处理与拣货岗位学习方案

1. 学习目标

通过一个模拟训练,学习订单处理和拣货岗位之间的配合方式。

2. 前序学习

订单处理作业流程、异常订单处理技巧、订单履行技术、拣货方式、拣货策略、拣货信息处理、拣货区域常用设施设备及场地分布。

3. 技能要求

能够综合考虑订单具体情况、拣货方式和策略、拣货信息处理、拣货区域设置等完成订单处理作业、拣货作业计划设计和拣货作业实施。

4. 涉及的岗位

订单处理人员、拣货主管、拣货员、物流部副主管。

5. 教学时间安排

本学习方案适用于配送作业管理课程学习的后期,基本知识学习完成之后。

6. 情境

你在海润配送中心订单处理与拣货岗位工作,2015年8月18日上午接到了3个客户的订单,客户的需求商品种类、数量如下表所示,请根据订单内容实施订单处理作业、制订拣货作业计划和拣货作业操作。具体资料如下。

附录五 职业教育物流管理专业教学资源库项目升级改进总结报告(节选)

(1)客户订单资料。

订单1

接单处理号：	×××××		订单号：		×××××			
公司名称：	宁波惠家超市坝头路分店							
公司地址：	宁波北仑坝头路×××号							
电话：	×××××(总机)							
传真：	×××××							
E-mail：			订单日期：		2015年8月17日			
负责人的联系信息								
姓名：	×××			地址(邮编)：	宁波北仑坝头路×××号			
电话：	×××××			传真：	×××××			
手机号码：	×××××			E-mail：				
序号	货物编码	货物名称	规格型号	需求数量	单位	单价	金额	交货日期
1	799034	MP3	Aigo/爱国者	2	个	204.00	407.00	2015年8月20日
2	799045	MP3	索尼	3	个	320.00	960.00	2015年8月20日
3	799035	MP4	Ramos/蓝魔	4	个	441.50	1 767.00	2015年8月20日
4	795341	音箱	Edifier/漫步者	2	台	231.00	463.00	2015年8月20日
5	288347	牙膏	黑人超白含氟	10	支	15.60	156.00	2015年8月20日
备注：	请于8月20日下午3点前送至宁波惠家超市坝头路分店							

订单 2

接单处理号：	×××××		订单号：	×××××
公司名称：	宁波北仑华润超市			
公司地址：	宁波北仑新大路×××号			
电话：	×××××（总机）			
传真：	×××××			
E-mail：	×××××××		订单日期：	2015年8月17日

负责人的联系信息

姓名：	×××		地址（邮编）：	宁波北仑新大路×××号
电话：	×××××		传真：	××××××
手机号码：	××××××		E-mail：	×××××××

序号	货物编码	货物名称	规格型号	需求数量	单位	单价	金额	交货日期
1	288165	洗衣粉	立白全自动超浓缩	5	袋	21.00	105.00	2015年8月20日
2	288167	洗衣粉	洁霸	4	袋	24.00	96.00	2015年8月20日
3	288345	牙膏	佳洁士珍珠美白	3	支	5.50	16.50	2015年8月20日
4	288347	牙膏	黑人超白含氟	4	支	15.6	62.40	2015年8月20日
5	288456	香皂	滴露女士香皂	4	块	3.50	14.00	2015年8月20日
6	288458	香皂	玉兰油香皂	4	块	4.50	18.00	2015年8月20日

备注：请于8月20日下午4点前送至宁波北仑华润超市

订单3

接单处理号：	×××××		订单号：	×××××
公司名称：	宁波北仑多又好超市明州分店			
公司地址：	宁波北仑明州路××号			
电话：	×××××(总机)			
传真：	×××××			
E-mail：			订单日期：	2015年8月17日
负责人的联系信息				
姓名：	×××		地址(邮编)：	宁波北仑明州路××号
电话：	×××××		传真：	×××××
手机号码：	×××××		E-mail：	

序号	货物编码	货物名称	规格型号	需求数量	单位	单价	金额	交货日期
1	288165	洗衣粉	立白全自动超浓缩	2	袋	21.00	42.00	2015年8月20日
2	288166	洗衣粉	超能	3	袋	16.80	50.40	2015年8月20日
3	288457	香皂	滴露男士香皂	5	块	3.00	15.00	2015年8月20日
4	288458	香皂	玉兰油香皂	5	块	4.50	22.50	2015年8月20日
5	288345	牙膏	佳洁士珍珠美白	4	支	5.50	22.00	2015年8月20日
备注：	请于8月20日下午4点前送至宁波北仑华润超市							

（2）货架储存图(说明:如010203,01——排、02——层、03——列)。

A1区货架储存图：

010301 DVD:三洋(10个)	010302 MP3:三星(8个)	010303 MP4:三星(10个)
010201 DVD:步步高(8个)	010202 MP3:Aigo/爱国者(6个)	010203 MP4:Ramos/蓝魔(4个)
010101 音箱:Edifier/漫步者(4台)	010102 MP3:索尼(5个)	010103 MP4:索尼(8个)

B2 区货架储存图：

010301 洗衣粉:洁霸(20 袋)	010302 香皂:玉兰油(7 块)	010303 牙膏:高露洁美白(30 支)
010201 洗衣粉:超能(30 袋)	010202 香皂:滴露男士(15 块)	010203 牙膏:佳洁士珍珠美白(20 支)
010101 洗衣粉:立白全自动超浓缩(5 袋)	010102 香皂:滴露女士(30 块)	010103 牙膏:黑人超白含氟牙膏(25 支)

(3) 库区分布图。

搬运工具 A 区	A1 区	A2 区
搬运工具 B 区	B1 区	B2 区

(4) 客户类型。

序号	客户名称	客户类型
1	宁波惠家超市坝头路分店	一般客户
2	宁波北仑华润超市	一般客户
3	宁波北仑多又好超市明州分店	VIP 客户

(5) 现在配送中心突然来了一个紧急插单，客户 A 是我们的 VIP 客户，它需要在 8 月 18 日上午 10 点前将以下货物送至其门店，其所需货物如下。

序号	货物编码	货物名称	规格型号	需求数量	单位	单价	金额	交货日期
1	799045	MP3	索尼	3	个	320.00	960.00	2015 年 8 月 20 日
2	799035	MP4	Ramos/蓝魔	2	个	441.50	883.00	2015 年 8 月 20 日

根据以上信息，完成下列 3 个工作任务。
①根据客户信息、所需货物信息、库存信息等，完成订单处理作业。
②制订拣货作业计划，完成拣货计划甘特图。

③根据作业计划完成拣货工作。

7. 学习过程

（1）教师展示岗位工作情境，明确岗位工作任务。说明操作过程考核验收要求。

引导学生思考：(15分钟)

①根据客户信息、所需货物信息、库存信息等，应该如何完成库存分配工作、订单处理？

②应该如何安排拣货员的工作（给出具体的工作内容）？拣货作业计划与订单处理是怎么样的一种工作关系？在哪些方面存在相互影响？

③用文字方式描述工作过程并用语言表达如何根据拣货区域的位置完成拣货工作。

（2）布置学生完成第1个任务。（10分钟）

（3）第1个任务和第2个任务是相互联系的，需要衔接好订单处理和拣货过程，综合运用订单处理和拣货的优化思想。在这部分应该根据具体案例，通过订单优化处理和拣货安排，将具体拣货工作内容、开始时间、所需时间和结束时间都罗列出来。（30分钟）

（4）根据第3步工作，运用甘特图等计划安排技术完成第3个任务。任务3过程中需要综合考虑每位拣货员的工作安排以达到工作效率和效果最佳。同时将制订的计划开展实施，通过模拟操作或实际操作（有实训场地的建议进行实操）来验证计划的可行性和有效性。（40分钟）

过程训练中注意引导学生归纳和分析工作过程中学生出现的错误及原因。

（5）学生展示和讲解工作成果，可以组为小组。（30分钟）

（6）带领学生总结订单处理和拣货知识，引导学生思考两者之间的关系。教师归纳总结。（10分钟）

参考文献

[1] 邓晓云.基于"互联网+"时代背景下资源库建设初步探索[J].科技风,2018(5),79.

[2] 周红梅.高等职业教育建筑工程技术专业教学资源库建设的现实探讨[J].中小企业管理与科技,2018(23),83-84.

[3] 孙士宏,唐春光.医学院校图书馆特色教学资源库建设研究——以组织学与胚胎学教学资源库建设为例[J].卫生职业教育,2018(12),23-24.

[4] 肖镞.大数据方向的计算机信息管理专业教学资源库建设思路与实践[J].计算机产品与流通,2018(6),146.

[5] 陈晴霞.基于云平台的地方本科院校英语专业教学资源库建设研究[J].农村经济与科技,2017(24),275.

[6] 高峰.职业教育专业教学资源库建设效果评价研究[D].北京:北京科技大学,2017.

[7] 刘凯莉.高职院校专业教学资源开发现状与对策研究[D].南京:南京师范大学,2017.

[8] 郭庆志,王博,张磊,等.国家级职业教育专业教学资源库建设与应用分析报告2016[M].北京:中央广播电视大学出版社,2017.